Peter Rosien
Mein Gott, mein Glück
Ansichten eines frommen Ketzers

Peter Rosien, geboren 1942, ist in Bremen und Hamburg aufgewachsen. Den christlichen Glauben hat er als Schüler in einem evangelischen Internat kennengelernt. Schon mit 17 Jahren hatte er sich von dem dort verkündeten Christus-Glauben verabschiedet. Gleichwohl studierte er evangelische Theologie. Nach dem Examen an der Universität Mainz begann er ein Volontariat in der Redaktion der *Frankenpost* im nordbayerischen Hof. Dort leitete er lange Jahre das Ressort *Wochenendmagazin*. Später war er Geschäftsführer und Programmleiter des regionalen Senders *Radio Euroherz*. Anfang der achtziger Jahre brachte ihm die Beschäftigung mit dem mittelalterlichen Mystiker Meister Eckhart eine Neubegegnung mit dem Glauben. Er begann Artikel zu schreiben, in denen er die klassische Theologie und die kirchliche Verkündigung kritisierte. So schnörkellos, undiplomatisch und tabulos, wie er es in diesem Buch tut. Dies führte ihn schließlich in die Redaktion von *Publik-Forum*, wo er von 1998 bis 2007, bis zu seinem Ruhestand, theologischer Chefredakteur war. Rosien ist seit 1971 mit einer Engländerin verheiratet und hat zwei erwachsene Kinder.

Impressum

Peter Rosien
Mein Gott, mein Glück
Ansichten eines frommen Ketzers

Layout: Andreas Klinkert
Satz: Sabine Felbinger
Titelfoto: pa/dpa/NAOJ
Druck und Bindung: Westermann Druck Zwickau GmbH
Auflage: 1/2007
© November 2007 by Publik-Forum
Verlagsgesellschaft mbH
Postfach 2010
61410 Oberursel

ISBN 978-3-88095-164-8

Peter Rosien

Mein Gott, mein Glück

Ansichten eines frommen Ketzers

Geleitwort

Dieses Buch handelt von Gott. Bereits im Titel bezeichnet ihn Peter Rosien als sein eigenes großes Glück. Wie ein roter Faden durchziehen das Buch persönliche Gebete zu und Erläuterungen über Gott. Rosien sieht sich von Gott als allzeit gegenwärtigem Geheimnis umgeben und bejaht – in grundloser Liebe ohne Wenn und Aber. Diesen Gott entdeckte Peter Rosien auf dem Umweg über Meister Eckhart bei Jesus von Nazaret; dieser hatte, so der Autor, die Unbedingtheit der Liebe Gottes ins Zentrum der Religion gerückt und damals eine Revolution angezettelt: »Strafgott ade.« Gerechtigkeit und Barmherzigkeit waren damit nicht mehr die entscheidenden Attribute Gottes, sondern eine eigentlich anarchische Liebe. Daran knüpft Rosiens Nachdenken an. Gott ist für ihn hinfort der liebende Grund der Welt, seine Liebe ohne Grenzen. Überdies erfahren alle Menschen im Akt des Sterbens – so Rosien –, jeder für sich, die Fülle der grundlosen Liebe Gottes, gleich welchen Alters, welcher Religion oder Überzeugung. Nahtod-Erfahrungen hält Rosien für direkte Hinweise auf ein Leben nach dem Tod. Gottes Liebe hätte keinen Sinn, wenn sie nicht über den Tod hinaus währte. Da sei er voller Vertrauen und zugleich ganz unbescheiden. »Ich will alles, ich will Gott.«

Peter Rosien erzählt spannend, wie er in seiner Kindheit mit der Form einer christlichen Religion bekannt wurde, die nicht die Liebe, sondern Opfer und Gehorsam in den Mittelpunkt des Glaubenslebens gestellt hatte. Instinkt, ja Ekelgefühle rebellierten im Konfirmanden gegen den Ritus des Abendmahls auf: In diesem dominierte Blut, Reinwaschung von Sünde und Schuld. Aber auch das Theologiestudium verminderte nicht den inneren Konflikt. Vielmehr zertrümmerte die historische Bibelforschung die Glaubensbasis und Rosien sah sich nicht in der Lage, die Überreste zu einem bewohnbaren Glaubensgebäude zusammenzusetzen. Die Kritik am kirchlichen Dogma der Göttlichkeit Jesu und seines Opfertodes verstärkte sich noch; ihre geschichtlichen Grundlagen waren für Rosien geradezu weggefegt.

Innerlich zerrissen, kam der Theologe und gelernte Journalist in der Lebensmitte mit den Lehren des Erfurter Mystikers Meister Eckhart in Berührung. Durch dessen Predigten konnte er seinen Glauben endlich auf einen Nenner bringen – emotional, psychologisch und begrifflich. Subjektivität im Glauben war für ihn fortan kein Akt von Willkür, wie kirchliche Oberaufsicht einreden wollte, sondern Bedingung dafür, in »ozeanischer Mystik« die göttliche Liebe zu erfahren, auf die zu hundert Prozent Verlass ist. Gott sei eindeutig gut und habe nichts Zweideutiges an sich. Im Unterschied zu vielen anderen Mystikern ist Gott für Rosien ansprechbares Gegenüber. Aber so wie für diese hat sich auch für ihn der Kern des Ganzen geöffnet. Er erfährt fortan das Zentrum »aller Dinge« als Liebe, als grundgütige Basis des Seins, als Gott. Sie – und nicht Macht – hält alles zusammen. Die Widersprüche dieser Welt, das weiß der Mystiker Rosien todsicher, fallen in irgendeiner Weise zusammen. Die Gewissheit davon sei ein Geschenk Gottes.

Ich habe das Buch in einem Zug durchgelesen. Viele andere nach mir werden es vermutlich auch tun. Denn es ist mitreißend geschrieben und spricht ein Hauptübel der heutigen Volkskirchen an, dass ihre Funktionäre einen längst überholten dogmatischen Glauben vertreten und gegenüber heutigen Glaubenserfahrungen blind sind. Der heilige Zorn darüber lässt das Buch an manchen Stellen sehr polemisch werden. Zugleich wird immer wieder deutlich, wie sehr der Verfasser an seiner Kirche hängt und einen endgültigen Bruch vermeiden will. Zwar ist seine Prognose für die Fortexistenz der Volkskirchen nicht günstig (sie würden in ein bis zwei Generationen zur Sekte verkommen), zugleich träumt er aber, wie es besser werden könnte, wenn die Macht der Funktionäre zum Ende kommt und die Kirchenleute ihren Menschen endlich die Botschaft ausrichten, dass

Gott mit seiner ganzen Gottheit im Grunde in der Seele eines jeden Menschen anwesend ist.

Rosien bringt eindrucksvoll radikale historische Kritik mit einem geschärften Sinn für Spiritualität zusammen und zeigt darin die nötige Selbstdistanz, dass er durchweg von seinem Jesus-Konstrukt und nicht von »dem« historischen Jesus spricht. Deswegen darf ich hier als Neutestamentler einwenden, dass sein Jesus-Konstrukt noch zu sehr vom Dogma des antipharisäischen Jesus geprägt sein dürfte und dass nicht Jesus, sondern – horribile dictu – wohl Paulus die eigentliche Revolution innerhalb der jüdischen Religion herbeigeführt hat. Ferner scheint mir das Verständnis Jesu als eines Mystikers verfehlt, da dies die irdische Ebene seines Auftretens unterschätzt. So sollen in seinen Augen die *materiell* Armen gesättigt werden!

Mein Dank an den Verfasser für sein Buch, dem ich eine weite Verbreitung und Resonanz wünsche, mündet in eine abschließende Frage: Wie weit bedarf die überzeugende These, dass Mystik die heute angemessene Art zu glauben ist, überhaupt historischer Grundlagen? Sie bleibt doch auch evident, selbst wenn – um es krass zu sagen – Jesus nicht gelebt hätte. Denn das Befreiungspotenzial mancher Aussprüche, die in den Evangelien an »Jesus« haften, bliebe auch so erhalten. Außerdem hätte es man es nicht mehr nötig, Jesus künstlich von dem dunklen Hintergrund der jüdischen Religion abzuheben.

Gerd Lüdemann

Gerd Lüdemann *ist Professor für Neues Testament. Als er sich 1998 öffentlich von Dogmen des christlichen Glaubens lossagte, kam er in Konflikt mit der evangelischen Kirche. Die Universität Göttingen entzog ihm seinen alten Lehrstuhl für Neues Testament und wies ihm einen Lehrstuhl für das neu eingerichtete Fach »Geschichte und Literatur des frühen Christentums« zu. Lüdemann hat dagegen geklagt. 2006 hat er Verfassungsbeschwerde gegen die Versetzung und alle dazu bisher ergangenen Urteile eingelegt.*

INHALT

Erzählen vom Verrückt-Sein

In diesem Buch geht es um Gott. Näherhin um meine persönliche Beziehung zu Gott. Das ist die Perspektive, aus der ich sprechen will, subjektiv und erzählend. Dazu in konzentrischen Kreisen von innen nach außen. Natürlich kann man auch objektiv, also mit Vernunft und Logik über Gott nachdenken. Aber abgesehen von den inhaltlichen Problemen läuft das oft auf ein langweiliges Räsonieren hinaus. Gleichwohl kommt auch ein Schreiben aus der subjektiven Erfahrung heraus nicht ohne nachsinnende Reflexion aus. Doch die Chance, dass ein wenig Authentizität ins Dargestellte einfließt, ist größer als bei dem Versuch, die »Wahrheit Gottes« objektiv durchdenken zu wollen. Und weil in unserer heutigen Kirchlichkeit religiöse Erfahrung besonders stark tabuisiert wird, ist es an der Zeit, kräftig und ungeschminkt dagegenzuhalten. Viele Zeitgenossen leben als religiöse Analphabeten in seelischer Obdachlosigkeit. Und sie haben keine Ahnung von der Tiefendimension des Lebens. Wenn überhaupt, lassen sie sich nur auf etwas ein, das sie erfahrend nachvollziehen können. Nur das könnte ihrer Seele allmählich eine Heimat geben.

Was nun Gott angeht, so halte ich meine Erfahrung mit ihm für ziemlich verrückt. Ich weiß fast nichts von ihm, ich verstehe ihn nicht und seine Welt schon gar nicht; aber ich vertraue ihm. Dabei steht für mich auch Jesus von Nazaret Pate. Zum Beispiel mit seiner Geschichte vom Steuerpächter und Pharisäer, die gemeinsam im Tempel beten[1], oder mit jenem Hinweis auf den umgestürzten Turm im Jerusalemer Stadtteil Siloa, der achtzehn unschuldige Menschen erschlug.[2] Diesem Jesus nehme ich seinen Gott ab, und damit auch weg. Jedenfalls kann ich nicht anders, als seinen Gott in meine eigenen Erfahrungen hineinzunehmen. Und diese Erfahrungen führen zusammen mit meinem Nachdenken über sie in eine Ungereimtheit, die ich denkerisch nicht aus der Welt schaffen kann:

Ich erfahre Gott als allzeit gegenwärtiges Geheimnis, das mich in grundloser Liebe umgibt. Ich finde mich angenommen und bejaht ohne Wenn und Aber. In diesem Gott bin ich rundum geborgen. Doch ebenso sicher ist für mich: In mein Leben greift er nicht ein. Noch irgend in das irdische Geschehen überhaupt. Er ist da. Ich kann du zu ihm sagen. Aber er handelt nicht, nicht in dem Sinn, wie wir Menschen handeln. Das Böse, das Leid, Glück und Unglück: Er beeinflusst es nicht. Ich kann jedenfalls kein Kriterium erkennen, nach dem er das tun würde, außer reiner Willkür vielleicht. Gleichwohl erfahre ich diesen Gott als wirksam. Gott wirkt. Seine Wirk-Lichkeit ist der Geist unbedingter Bejahung und Liebe. Er strahlt aus und wirkt, wo man sich ihm öffnen kann. Liebe hält »die Welt im Innersten zusammen«.

Sicher: Theologisch reimt sich das nicht zusammen, besonders was die traditionelle Lehre von der göttlichen Heilsgeschichte angeht, nach der Gott die irdische Geschichte zum Heil hin lenkt. Genau das glaube ich nicht. Und ich werfe Gott sein »Nicht-Handeln« auch vor; da geht es mir wie Hiob. Ich kann richtig aggressiv werden gegen diesen Gott, den Leid, Elend und Ungerechtigkeit ungerührt lassen, offenkundig doch, oder nicht? Gleichwohl kann ich mich immer wieder in diesen Gott hineinfallen lassen, instinktiv, unerklärbar, bedingungslos. Und darin erfahre ich ab und an eine betörende Resonanz. Ich lebe im Vertrauen auf Gott, halte das Paradox aus und glaube ihm. So hat es Jesus auch getan. Damit lebt und stirbt es sich besser, denke ich, als mit jeder Art Nicht-Glauben.

Und aus dieser Erfahrung ergibt sich eine verblüffende Schlussfolgerung: So rätselhaft unsere Existenz ist, jedes Schicksal, wie schwer es auch sein mag, ist umfangen von der Wirkmacht der bedingungslosen Liebe Gottes. Spätestens im Akt des Sterbens erfährt jeder Mensch die Fülle der grundlosen Liebe Gottes, absolut jeder, gleich welchen Alters, welcher Religion oder Überzeugung. Das muss so sein, wenn Gott der liebende Grund der Welt ist. Im Fortgang des Buches werde ich zu zeigen versuchen, dass diese Schlussfolgerung heute sogar einen realen Erfahrungshintergrund hat. Dabei wird es um die sogenannten Nahtod-Erfahrungen gehen, die in der Theologie leider immer noch als Hirngespinste abgetan werden.

Dies ist die Matrix meiner Spiritualität. So fügen sich bei mir Erfahrung und theologisches Nachdenken zu dem zusammen, was ich glaube – als evangelischer Theologe, Journalist, kirchlich und politisch engagierter Zeitgenosse, im siebten Lebensjahrzehnt. Und davon möchte ich erzählen. Das verbindet sich mit der Hoffnung, dass in den subjektiven Elementen meines Glaubens etwas sichtbar werden mag, das andere Subjekte, meine Leserinnen und Leser also, anspricht, zur Widerrede entflammt, aber möglicherweise auch inspiriert, oder gar Wiedererkennungs-Effekte zum Schwingen bringt, über die sich nachzudenken lohnt.

Und was anderes bleibt uns heute noch, als uns gegenseitig von unseren Gotteserfahrungen zu erzählen? Was hilft es, wenn konservative Christen beharren, Gott habe sich einzig in der Bibel offenbart und unsere subjektiven Erfahrungen mit ihm seien demgegenüber höchst trügerisch und unbedeutend. Sicher, ohne Bibel und Kirche gäbe es keinen Glauben, keinen christlichen jedenfalls. Niemand lebt sich selbst. Wir sind soziale Wesen. Und auch, was wir denken und glauben, ja selbst, was wir erfahren, knüpft fast immer daran an, was andere vor uns gedacht, geglaubt oder erfahren haben. Überlieferung wird das genannt. Heute allerdings hat sich davon soviel angesammelt, dass die meisten Zeitgenossen genötigt sind, eine Auswahl zu treffen. Und die Kriterien dafür sind in subjektiven Erfahrungen des einzelnen zu suchen. Einen besseren Filter hat niemand, auch nicht, wenn es um den Glauben geht.

Dabei haben Theologen wie Klaus-Peter Jörns klar festgestellt: Die meisten Christen, selbst viele Pfarrer, tun sich heute enorm schwer, ihren Glauben in eigenen Worten auszudrücken. Christen sind sprachlos geworden, weil sie ihren eigenen Erfahrungen mit Gott nicht trauen mögen. Und nicht trauen dürfen! Schließlich will die Kirche die Deutungshoheit und die Kontrolle über die in der Bibel fixierten fremden Gotteserfahrungen behalten. Wo kämen wir denn hin, wenn da jeder noch zusätzliche, private Gotteserfahrungen geltend machen wollte? So denken unsere Theologen und Kirchenverantwortlichen.

Aber wie entsteht heute Glaube, wie entsteht eine Beziehung zu Gott? Wie ist meine eigene Beziehung zu ihm entstanden? Auch davon will ich erzählen. Und da spielen zwei Faktoren hinein, die in den folgenden Kapiteln erläutert werden sollen. Zum einen geht es um den Einfluss der Biografie auf den individuellen Glauben. Damit will ich zeigen, dass die aus traditionschristlicher Sicht so gerne diffamierte Subjektivität im Glauben kein Akt von Willkür ist, ja dass auch der sich kirchlich als »rechtmäßig« verstehende Glaube noch biografisch bedingt ist. Zum anderen ist das Weltbild auszuleuchten, in das wir heute hinein sozialisiert werden. Dabei versuche ich zu verstehen, was Fachleute dazu sagen, um zu schildern, wie dies bei einem naturwissenschaftlichen Laien wie mir sozusagen ankommt und meine Beziehung zu Gott beeinflusst. Unser Wissen um die Wahnsinns-Dimensionen des Universums, die Zufälligkeiten der Evolution und die Abgründe der Psyche lässt ja viele Zeitgenossen längst resignieren. Das alles ergibt keinen Sinn, sagen sie. Mit den wohlgefügten Lehren der christlichen Konfessionen ist das für sie schon gar nicht in Einklang zu bringen.

Und dennoch gibt es immer wieder neu Gottglaube und Gottvertrauen unter uns. Wie sie entstehen, ist letztlich wohl ein Geheimnis. Es ist jedenfalls nicht verfügbar. Gottvertrauen – wie paradox auch immer – ereignet sich offenbar als Geschenk. Allerdings: Man kann den Ort des Beschenktwerdens einkreisen, man kann dem Vorgang auf die Spur kommen. Mit diesem Buch will ich ein solches Einkreisen versuchen.

Das haben schon viele andere versucht. Wohl wahr! Unter ihnen auch die Autoren, von denen ich mich in meinem theologischen Nachdenken immer wieder habe inspirieren lassen. Meister Eckhart vorneweg, dieser Mystiker aus dem 13. Jahrhundert, dessen Predigten mir einst den Himmel aufgeschlossen haben. Unter den Heutigen sind es Eugen Drewermann, Eugen Biser, Jörg Zink, Adolf Holl, Hanna Wolf, Klaus-Peter Jörns und meine akademischen Lehrer Otto Kaiser (Altes Testament) und Herbert Braun (Neues Testament), bei denen ich historisch-kritische Bibelanalyse gelernt habe. Nicht zu vergessen meine Therapeutin Bettina Weinberger, die mich nach einer gesundheitlichen Krise viele Jahre auch in meinen Glaubensfragen psychoanalytisch begleitet hat.

Ich zitiere in diesem Buch 61 Bibelstellen, in der Regel nach der Einheitsübersetzung. Meistens wird aus dem Zusammenhang deutlich, worum es geht. Aber bei einem guten Dutzend dieser Bibelstellen wäre es für ein besseres Verständnis gut, man würde die genannte Stelle als Ganze lesen. Das gilt zum Beispiel, wenn jemand keine Ahnung haben sollte, worum es im »Gleichnis vom verlorenen Sohn« geht. Die fraglichen Bibelstellen sind im Buchtext und in den Anmerkungen halbfett markiert.

MEIN GOTT, MEIN GLÜCK: CREDO

Das Maß des Glaubens ist uns vorgegeben

»Du, mein Gott!«

Er ist immer da. Gott ist in mir drin und um mich her. Es ist mir ein Rätsel, wieso ich das so oft wahrnehme. Zumeist vernehme ich ihn als leise »Hintergrundmusik«. Oft genug ist er mit voller Präsenz da, kümmert sich nicht darum, was ich gerade tue. Geschieht es im Auto, möchte ich am liebsten rechts ranfahren und anhalten. Ich sage »Du« zu dem, was mir da in der Seele begegnet. Und dieses Du erfahre ich als »gut zu mir«. Es meint mich, es liebt mich. Es liebt mich mehr, als Mutter und Vater das je gekonnt haben. Ich mag deswegen auch nicht »Vater« zu ihm sagen, und »Herr« schon gar nicht. »Du, mein Gott!« Der Rest ist oft nur Schweigen. Verstehen tue ich ohnehin nichts. Aber Resonanz ist da. Und in dieser Resonanz schwingt nichts Furchterregendes mit, sondern Ermutigung zum Vertrauen. Ich bin in diesem »Du« geborgen. Auch in den Tod hinein. Diese Geborgenheit ist Quelle des spirituellen Glücks, das mich sanft beseelt und mein Handeln bestimmt.

Klar, dies ist eine intime Schilderung meines individuellen Glaubens. Credo heißt »Ich glaube«. »Ich«, so beginnt selbst das gemeinschaftliche Glaubensbekenntnis der Kirche, das Apostolikum. Ist aber mein Glaube nicht zu subjektiv? Kann man so etwas überhaupt mitteilen, also mit anderen teilen? Ich denke, mir selbst hat solche Gotteserfahrung auch jemand anderes mitgeteilt. Meister Eckhart jedenfalls hat mir die Augen geöffnet für meine lange verschüttete Beziehung zu Gott. Beim Lesen seiner Predigten[3] bekam ich Klarheit darüber, wer das sein kann, Gott. Den kannte ich seit früher Jugend – aber nur von ferne. Obwohl ich seine Anwesenheit gelegentlich spürte, dann fast als Liebkosung. Aber er blieb für mich viel zu lange hinter dem anderen versteckt, hinter Christus. Fast 40 Jahre alt war ich, als ich mit Eckhart zusammen meinen Glauben endlich auf einen Nenner bringen konnte, emotional, psychologisch und begrifflich. Im Theologiestudium hatte ich das nicht hingekriegt. Ich hatte zwar mein Examen gemacht, war aber innerlich zerrissen aus der Sache herausgekommen. Ich hatte keine Weise gefunden, die Trümmer der historischen Bibelforschung zu einem bewohnbaren Glaubensgebäude zusammenzusetzen. Besonders die Christologie, also die Lehre von der Göttlichkeit Jesu, ist mir im Studium vollends zerbröselt, einschließlich der Abendmahlslehre. Pfarrer konnte ich damit nicht werden, was bei Studienantritt durchaus mein Ziel gewesen war. Predigen wäre kein Problem gewesen. Aber eine Liturgie zelebrieren, die ich in fast keinem Wort inhaltlich nachvollziehen könnte? Nein! Ich begann ein Volontariat bei einer Regionalzeitung in Oberfranken.

Glaube und Biografie

Heute weiß ich überdies, wie sehr das Ergebnis dieses Prozesses mit meiner Biografie verschlungen ist. Aber das ist ja nicht nur bei mir so. Glaube, wie immer er beschaffen ist, entsteht, wenn überhaupt, dann in eins mit dem, was uns in jungen Jahren prägt. Es gilt zwar als gut evangelische Lehre, der Glaube komme einzig aus dem Hören auf das Wort Gottes, aber das hat sich bibelkritisch wie psychologisch längst als zu simpel erwiesen. Gleichwohl sehen es viele Theologen immer noch als unnötig an, sich mit Religionspsychologie zu beschäftigen.

Man will es wohl gar nicht wirklich wissen, welche Rolle unser Unbewusstes im Glaubensvollzug spielt. Man ahnt, dass »eine psychologische Aufklärung biblischer Bilder und Symbole« (Drewermann) manche theologische Lehre relativieren könnte. Das hatte man bereits als Ergebnis der historisch-kritischen Bibellektüre erfahren. Das muss man kein zweites Mal durchmachen – oder? Obwohl: Erste Eindrücke davon bescherte der Theologie vor bereits hundert Jahren der amerikanische Mediziner und Philosoph William James mit seinem zum Klassiker gewordenen Buch »Die Vielfalt religiöser Erfahrung«.[4] Aber besonders nach Sigmund Freud und Carl Gustav Jung ist die Einsicht unausweichlich geworden: Unsere Gottesbilder erwachsen auch aus unseren Biografien. Zwischen der seelischen Struktur des Menschen und seiner Gottesbeziehung gibt es Zusammenhänge. Das Gottesbild legt den Menschen oft fest auf eine bestimmte Rolle. Es kann ihn aber auch befreien und zu sich selbst finden lassen. Pointiert formuliert gilt: Sag mir, was du glaubst, und ich sage dir, wer du bist.

Aber wie werden wir, was wir sind? Was prägt uns so tief, dass es die Art unseres Glaubens festlegen kann? Sicher ist: Wir kommen ungefragt ins Leben, und wir bringen uns nicht selbst zur Welt. Ohne die Gemeinschaft anderer Menschen würden wir gar nicht überleben. Die wichtigsten Vertreter dieser Gemeinschaft sind in der Regel Mutter und Vater, dann weitere Mitglieder der Familie. Eine nachhaltige Prägung durch diese Personen entsteht in einem weiten Feld zwischen den Polen »Geliebt werden« und »In Angst versetzt werden«. Dies ist in seinen Details psychologisch längst ausgeleuchtet. Als ich Ende der siebziger Jahre das Buch »Gottesvergiftung« von Tilmann Moser las, von dem alles beobachtenden und für alles Rechenschaft fordernden Gott seiner Kindheit, war ich dankbar, dass ich solche religiösen Torturen nicht hatte durchmachen müssen. Die göttlichen Giftmengen, die man mir in der Jugend verabreicht hatte, waren gerade so stark, dass sie mich zu einem leidenschaftlichen Kampf mit Gott aufstachelten. Heute weiß ich: Mir erging es dabei wie Jakob an der Furt des Jabbok-Flusses.[5]

Aller psychologischen Prägung vorgegeben ist eine ständige Angstbereitschaft in uns Menschen. Die haben wir schon aus der Tierreihe her mitbekommen. Der Homo sapiens, das einzige Geschöpf mit Selbstbewusstsein, erlebt diese Angst aber elementarer als die Tiere. Denn nur er *weiß*, dass sein Leben endlich ist. Das macht Angst. Die ist unser allgegenwärtiger Begleiter. Wird sie nicht gestillt, und hier setzt Eugen Drewermanns psychoanalytische Theologie an, treibt sie uns in immer stärkere Schutzmaßnahmen, »auf Teufel komm raus«. Denn am Ende ist es immer wieder diese Angst, durch die das Böse dann tatsächlich »raus«, in die Welt kommt. Diese Angst kann nur durch Vertrauen in einen grundgütigen Hintergrund der Welt ausgeglichen werden. Dies hat Drewermann in vielen seiner Bücher so plausibel wie feinsinnig durchbuchstabiert. Ich weiß noch: Als gehetzter Zeitungsredakteur habe ich mich stets für ein langes Lesewochenende mit Thermoskaffee und Keksen in meinem Arbeitszimmer eingeschlossen, wenn ein neuer 700-Seiten-Band des »katholischen Protestanten« aus Paderborn rausgekommen war.

Eltern, wenn sie im Wissen um diese Hintergründe bei ihren Kindern schon früh Gott ins Spiel bringen, müssen sehen: Ihre Einflüsse auf das Kind übertragen sich bei diesem naiv auf Gott. Es entsteht dann eine vertrauensvolle Kindesbeziehung zu Gott oder eine ausgeprägte Angstbeziehung oder alle möglichen Positionen dazwischen. Sollten solche Kinder später Theologen werden, so hat Klaus-Peter Jörns festgestellt, dann betreiben sie fast »immer eine Theologie, die mit der Art der Gottesbeziehung korrespondiert, die sie in ihrer Kindheit verinnerlicht haben«.[6]

Dieser lebensgeschichtliche Faktor des Glaubens wird in der Schultheologie in der Regel ausgeblendet. Im Studium, wenn mir immer wieder das Wort vom »Glaubensgehorsam« um die Ohren flog, hatte ich oft für mich gedacht: Mein Gott, diesen strengen Professoren sitzen tatsächlich immer noch ihre strafenden Väter im Nacken. Für Prägungen solcher Art kann aber der einzelne Mensch im Grunde gar nichts. Und sie sind ja auch nicht starr fixiert, können durch Lebenserfahrung oder auch psychotherapeutisch verändert oder korrigiert werden. Aber als gläubige Zeitgenossen und besonders als Theologen müssen wir uns diese Prägungen erst einmal individuell bewusst machen. Wir dürfen sie vor allem nicht für allgemein verbindlich halten und absolut setzen. Haben wir sie einmal durchschaut, dann können wir sie für uns selbst akzeptieren, untereinander respektieren und vielleicht sogar individuell an ihnen arbeiten. Das gilt für die ganze »Vielfalt religiöser Erfahrungen«. Glaubenspluralismus ist in unseren Tagen die stärkste Herausforderung der Volkskirche. Ich denke, die zehn Prozent Traditionschristen, die sich heute selbst als Kirche im eigentlichen Sinn verstehen, werden diese Herausforderung nicht meistern. Sie werden sich um die traditionelle Lehre herum als Sekte behaupten, mitten in einer markanten Landschaft dogmenfreier, bisweilen auch irrlichternder Spiritualität.

Prädestination

Ob jemand an Gott glaubt, und wie er das tut, das ist immer auch Schicksal. Paulus ist sicher, der Mensch könne nur glauben »nach dem Maß, das Gott ihm zugeteilt hat«.[7] Das hört sich stark nach »Prädestination« an, wie Theologen die Lehre von einer göttlichen Vorbestimmung des Einzelnen zu Erlösung oder Verdammnis bezeichnen. Ich werde darauf noch eingehen, im Kapitel über das »Jesus-Konstrukt«. Hier möchte ich zunächst dies aufzeigen: Das Maß dessen, was uns prägt, umfasst viel mehr, als es eine weitgehend auf die frühe Kindheit fixierte Psychologie annimmt. Dies zu erläutern, muss ich anschließend etwas ins Detail gehen. Später will ich das Dargestellte auch an meinem persönlichen spirituellen Werdegang verdeutlichen.

Dämon aus der Gebärmutter

Es gibt frühere Erfahrungen als die für Freud so entscheidenden Kindheitserlebnisse. Die Prägungen aus diesen Erfahrungen färben jene aus der Kindheit deutlich ein. Es sind Prägungen, die nicht durch andere Personen zustande gekommen sind. Sie sind vielmehr transpersonal, sie entstehen im Geburtsvorgang. Sie geschehen dem Kind. Und selbst die gebärende Mutter kann sie kaum beeinflussen. »Die biologische Geburt ist das profundeste Trauma unseres Lebens und ein Ereignis von größter psychospiritueller Bedeutung. In unserem Gedächtnis ist jedes kleinste Detail bis in die zelluläre Ebene hinein gespeichert. Die verschiedenen experimentellen Psychotherapien haben haufenweise Beweismaterial zusammengetragen, welches dies belegt.« So benennt der Psychiater Stanislav Grof das Ergebnis jahrzehntelanger Forschung auf dem Gebiet der von ihm mitbegründeten »Transpersonalen Psychologie«.[8] Das Wort »transpersonal« verweist dabei auf Bilder und Vorstellungen, die in der Psyche jedes Menschen, unabhängig und jenseits (trans) von dessen persönlichen Erfahrungen, stecken. Eine transpersonale »Wirklichkeit«, die lebenslang unbewusst bleiben kann. Sie kann aber auch plötzlich auftauchen oder auch künstlich aktiviert werden. Der Mensch erfährt sie dann als »außerordentlichen Bewusstseinszustand«, wie der Terminus heißt. Was er dabei erlebt, spiegelt auch die Erfahrungen bei seiner eigenen Geburt wider. Grof, aus Prag stammender US-Bürger, hat ein Dutzend atemberaubender Bücher darüber geschrieben, hat eine heute vielerorts praktizierte Selbsterfahrungstherapie etabliert und ist weltweit ein gefragter Vortragsredner. Deutsche Theologen nehmen ihn lieber nicht zur Kenntnis.

Ich verfolge Grofs Forschungsarbeit seit fast 20 Jahren. Es begann damit, dass ich im familiären Umfeld mit einem akuten Fall religiösen Wahnsinns konfrontiert wurde. Eine Psychose warf eine Studentin im ersten Semester aus der Bahn. Ich wollte helfen, hatte aber keine Ahnung, wie. Also begann ich zu lesen: Wie entsteht religiöser Wahnsinn? Bei William James, »Die Vielfalt religiöser Erfahrung«, bekam ich eine Ahnung davon, bei C. G. Jung geriet ich ins Staunen und empfand so etwas wie esoterischen Wissensstolz.[9] In der Autobiografie des indischen Yoga-Gelehrten Yogananda[10] las ich manches, das mir schlicht die Sprache verschlug, ohne dass ich es als Selbsttäuschung des Autors abtun konnte. Bei Grof fand ich schließlich die überzeugendsten Antworten und die weitreichendsten.

Grof unterscheidet vier Phasen des Geburtsvorgangs. Er nennt sie vorgeburtliche (perinatale) Matrizen. Je nach Dauer, Schwere und Eigenart im individuellen Akt des Zur-Welt-Kommens können diese Matrizen unsere Charakterzüge, unser Weltbild und unser soziales Wirken deutlich vorbestimmen. Schon die Geburtsumstände legen also Markierungen dafür fest, ob wir beispielsweise zu einer liebevollen und altruistischen Haltung unseren Mitmenschen gegenüber tendieren oder zu einer von Misstrauen und Aggression geprägten Einstellung. Kommt also unsere Persönlichkeit, unsere charakterliche Prägung, unser »Dämon«, wie die Griechen sagen, direkt aus der Gebärmutter?

Die erste Matrix beschreibt den «ozeanischen« Aspekt des embryonalen Lebens im Fruchtwasser der Gebärmutter. Wo immer es in Religion und Glaube um Zustände von ozeanischer Mystik, Ekstase und kosmischer Einheit geht, ist eine Dominanz dieser Matrix im Spiel.

Die zweite Matrix gründet darin, dass kein Embryo auf Dauer in der Gebärmutter bleiben kann. Jedem steht die »Austreibung« bevor, wie ein alter Hebammenausdruck besagt. Austreibung aus dem Paradies: Das steht auch hinter der Geschichte zu Beginn der Bibel, im dritten Kapitel. Mensch werden kann man nur außerhalb des Paradieses. Darin ist das unlösbare Rätsel unserer Existenz begründet. Was der Embryo zu Beginn seiner »Austreibung« erlebt, steht bei Grof für den »verschlingenden Mutterleib, in dem der Embryo wie in einer feindlichen Welt gefangen ist«. Derselbe Leib, der während der normalen Schwangerschaft ein relativ friedlicher Ort ohne große Überraschungen war, erlebt nun starke regelmäßige Kontraktionen. Die gesamte Welt des Fötus bricht zusammen und erdrückt ihn. Es entsteht eine ausweglose Situation.

Die dritte vorgeburtliche Matrix kristallisiert sich heraus im lebensgefährlichen Durchgang des Embryos durch den Geburtskanal.

Enorme Presskräfte wirken auf das kleine Wesen ein. Alles ist furchtbar eng und bedrängt. Die Matrix ist durch das Erleben von intensiven körperlichen Schmerzen, Angst, Aggression, einem seltsamen Gefühl der Erregung und drängender Energie gekennzeichnet. Unter spirituellen Aspekten ist hervorzuheben: Die dritte Matrix kann im Erinnerungsspeicher dominieren als wilde, ekstatische Verzückung, die man als »dionysische« oder »vulkanische« Ekstase bezeichnen kann.

Die vierte Matrix bildet sich im Augenblick der Geburt und in der Situation unmittelbar nach der Entbindung. Das kämpferische »Ich« der lebensbedrohlichen Phase im Geburtskanal erstirbt jetzt gewissermaßen in eine Wiedergeburt hinein. Alles, wogegen das kleine »Ich« gekämpft hat, ist plötzlich weg. Freiheit ist da, sie wird als vollständige Ergebung erfahren. Menschen, die diese Erfahrung ungetrübt im Erinnerungsspeicher verfügbar haben, können sich später problemlos öffnen für überwältigende Erfahrungen des Heiligen.

Jede vorgeburtliche Matrix verfügt über einen eigenen Symbolismus. Das ist eine der entscheidenden Erkenntnisse der transpersonalen Psychologie, wie sie Grof anhand eines gewaltigen religionswissenschaftlichen Materials entfaltet hat. Darin stößt er auch auf die Archetypen des kollektiven Unbewussten, die C. G. Jung aus Träumen und Visionen seiner Patienten wie auch aus seinen Selbstversuchen herausgefiltert hat. Für Grof steht fest: Ist ein Mensch durch eine der vier Geburtsphasen besonders geprägt worden, so neigt er weltlichen, mythologischen und spirituellen Themen zu, denen jeweils derselbe Symbolismus eigen ist. Als ich das über der Lektüre zum Beispiel des Buches »Geburt, Tod und Transzendenz« richtig begriffen hatte,[11] dachte ich: Warum hört man davon nie etwas im Theologie-Studium? Liegen hier nicht die Gründe für unseren religiösen Pluralismus offen zutage?

Auf das Weltbild der transpersonalen Psychologie werde ich später noch eingehen. Es kann starke Emotionen hervorrufen. Ich erinnere, wie ich zu Beginn meiner Arbeit als Chefredakteur von *Publik-*

Forum[12] einen Artikel aus Sicht der transpersonalen Psychologie schrieb. Ich wurde sofort als Esoteriker verdächtigt. Und ganz sicher ist: Viele Mediziner, Hirnforscher und andere Naturwissenschaftler halten transpersonale Erkenntnisses heute noch für esoterischen Humbug. Eine weithin materialistisch orientierte Naturwissenschaft hält Leben, Bewusstsein und Intelligenz generell für mehr oder weniger zufällige Produkte der Materie und weist das Transpersonale brüsk als esoterische Grenzüberschreitung zurück. Dabei ist den Physikern in ihren Kernforschungsanlagen der seit Jahrhunderten gültige Dualismus von Materie und beobachtendem Geist längst abhanden gekommen. Diesen Dualismus hatten der Philosoph René Descartes (»Ich denke, also bin ich«) und der Naturforscher Isaak Newton vor über 350 Jahren begründet. Und letztlich können wir alle noch nicht über den Schatten dieses materialistischen Weltbildes springen.

Der eigene Klärungsprozess ist notwendig

Entbehrung und Wut

In seinem Glauben bei sich selbst ankommen: Das heißt immer auch, sich über die eigenen Prägungen klar werden. Im Folgenden will ich erzählen, wie das bei mir abgelaufen ist.

Die »ozeanische Mystik« der ersten Geburtsphase, wie sie Grof darstellt, ist für mich wohl ebenso prägend geworden wie die Situation der Kapitulation am Ende des Geburtsprozesses. Geborgenheit in Gott und totale Ergebung – paradox unterlegt von anhaltendem Widerspruch gegen ihn. Das empfinde ich als die Grundfärbung meiner

Spiritualität. Sie wirkt weit unterhalb der Ebenen von Vernunft, Verstand oder gar Moral, färbt aber gründlich auf diese ab.

Diese spirituelle Disposition verbindet sich bei mir mit den seelischen Kräften von Entbehrung und Wut, die ich in der Kindheit entwickelte. Diese Kräfte hatte ich schon lange wahrgenommen und ansatzweise theologisch verarbeitet. Vollends sollte ich die Zusammenhänge aber erst in späteren Jahren in den Blick kriegen. Und neu durchleben. Das geschah auf der Couch meiner Psychotherapeutin Bettina Weinberger. Ich erfuhr, welch gewaltige Wut sich in mir aufgestaut hatte, eine Wut auf meine Eltern, die mir vieles schuldig geblieben waren, eine Wut, gespeist aus Entbehrung und projiziert auf die Kirche, ja geradewegs auch auf Gott. Wie unendlich viele andere Kinder auch habe ich von zu Hause zu wenig elterliche Liebe mit auf den Weg bekommen. Die Umstände ließen es nicht zu. Geliebt zu sein ist aber das tiefste Bedürfnis eines jeden Menschen. Und alle wissen, was Liebe ist. Es geht um Angenommensein, Geborgensein, Gemeintsein, Bejahtsein, wie man ist. Heute ist mir klar: Ich sollte diese Liebe viele Jahre tief versteckt in mir vermissen, um sie später, als zorniger junger Mann brutal und ungeniert bei Gott einzufordern. Um das zu erläutern, muss ich kurz ganz vorne anfangen.

Mit Christus vor Madagaskar

Das Licht der Welt erblickte ich in Bremen. Warum ich überhaupt in dieses trübe Licht hinein musste, ist mir bis heute schleierhaft geblieben – Mysterium des Seins. Als es geschah, schrieb man das Jahr 1942 und veranstaltete gerade einen mörderischen Krieg. Meine Mutter war medizinische Assistentin und arbeitete nach meiner Geburt in Hamburg. Ihr Mann, mein Vater, war junger Wehrmachtsfunker im besetzten Norwegen. Später arbeitete er als Kellner. Unter dem wenigen, was mir aus der frühen Kindheit im Gedächtnis geblieben ist, ist jene Szene, in der mir meine Mutter abends am Bett die Hände faltete: »Bitte, bitte, lieber Gott, mach mich fromm, dass ich in den Himmel komm.« Mehr an religiöser Sozialisation war da nicht. Die Katastrophe kam, als sich meine Eltern scheiden ließen, 1947, ich war fünf Jahre alt und hatte meinen Vater praktisch nie kennengelernt. Dann musste Mutter mich aus gesundheitlichen Gründen auch noch zu meiner Großmutter geben, ein Umzug von Hamburg zurück nach Bremen, ich war sieben, mutter- und vaterseelenallein, völlig auf mich selbst gestellt, unaufgeweckt, voll Sehnsucht nach familiärer Geborgenheit. Mein Vater hat bald darauf seinen Kopf in einen Gasherd gesteckt, 35 Jahre wurde er alt. In unserer Straßengang war ich übrigens immer die Nummer zwei, ein Schema, das sich durch meine ganze berufliche Laufbahn durchziehen sollte. Meine kränkliche Großmutter, sie war Witwe, konnte mich gerade eben durch die Grundschuljahre bringen, mit animalischer Fürsorglichkeit. Als ich zwölf war, hat sie mir eine Lehrstelle gekauft, im Hafen, als angehender Küper. Gott? Ich erinnere ein paar Kindergottesdienste in Bremen, zu denen mich irgendwer mitgenommen hatte, und meinen Grundschullehrer, dem ich gern zuhörte, wenn er von religiösen Dingen sprach. Dennoch: So etwas wie »Gott« ist mir damals nie wirklich bewusst geworden, auch nicht als Frage.

Dann eine erneute Wende. Sie klingt verrückt, ist aber wahr. Meine Mutter in Hamburg lag im Sterben, Krebs. Die nahezu gleichaltrige Ärztin gab ihr am Sterbebett ein Versprechen. »Ich sorge für Ihre beiden Kinder, ich nehme sie zu mir.« Diese Ärztin war ledig, eine Jüdin, deren Vater in Auschwitz ermordet worden war. Sie selbst hatte sich im Haus einer betagten Oberschwester verstecken können. Und so kamen damals auf meine Schwester und mich gewaltige Neuerungen zu. Ich war dreizehn, zog wieder nach Hamburg und trug alsbald den Namen meiner vornehmen Adoptivmutter. Und ich lernte in ihrem Haus die Welt der Bücher kennen. Da standen sehr viele herum, in allen Zimmern und in hohen Regalen, für mich ganz fremdartig. Die einzigen Bücher, die ich bis dahin gelesen hatte, waren von Karl May und Tom Brox. Frau Doktor Rosien beförderte ihren wildfremden, pubertierenden Sprössling dann auch rasch in einen gymnasialen Förderkurs und, als es Schwierigkeiten gab, weiter in ein Internat.

Fast fünf Jahre lang, bis zum Abitur 1964, ist das evangelische Internat des *Rauhen Hauses* in Hamburg meine Heimstätte gewesen. Wieder allein, mutterseelenallein, in der männerdominierten Welt der Diakonschüler, die uns Jungen betreuten. Ernst blickte Johann Hinrich Wichern von den Wänden, Vater der evangelischen Diakonie. Und ein Herr namens Christus war allgegenwärtig. Er begegnete mir vor jeder Mahlzeit und jeden Abend in der Andacht. Ich traf ihn ständig im Unterricht am *Wichern-Gymnasium*. Er wurde mir in tausend Bibelsprüchen nahegebracht. Und in der Pfadfindergruppe am Lagerfeuer haben wir ihn besungen. Er lag sozusagen mit uns vor Madagaskar. Ich war beeindruckt.

Doch nach zwei, drei Jahren dämmerte mir: Irgendwas stimmt mit diesem Herrn Christus nicht. Er ließ mich kalt, meine Gebete zu ihm erfuhren keine Resonanz. Ich fühlte mich nicht geliebt von diesem strengen Richter. Ja, ich wurde allmählich richtig wütend auf ihn. Und auf jene, die ihn mir dauernd vor die Nase hielten, stets so selbstsicher und in der fremdartigen Ausdrucksweise, die ich später im Studium als die »Sprache Kanaans« erkennen sollte. Eines Nachts, ich erinnere es deutlich, habe ich mich im Gebet feierlich von Christus verabschiedet. Er ist mir bis heute nicht mehr lebendig geworden. Ein Mythos, in dem ich nicht wohnen kann. Trotzdem: Vollgestopft mit Bibelsprüchen, hatte ich nach dem Abitur keine andere Wahl. Ich musste Theologie studieren. Wer war dieser Christus wirklich, wer war eigentlich »sein Vater«, der größere Gott? Was war das für eine Sehnsucht, die mich umtrieb?

Rebellion im Studium

Ins Studium brachte ich ein trotziges Misstrauen mit gegen alle, die im Namen der Kirche sprachen. Das hat mich daran gehindert, mich erst einmal vorbehaltlos auf meine Professoren einzulassen. Ich war innerlich stets in Rebellion, außer es ging um das Handwerkliche der historisch-kritischen Bibelanalyse. Vor allem die ständige Rede vom Glaubensgehorsam brachte mich auf die Palme. Sozusagen unterhalb der offiziellen Theologie und noch ohne Kenntnisse von Meister Eckhart habe ich mir damals wichtige Grundzüge meines Glaubens selbst geklärt und zurechtgelegt. Das geschah stets mit dem schlechten Gewissen des Nonkonformisten, der trotzdem dazugehören wollte. Dieser aufwühlende Prozess sollte noch weit in meine Berufsjahre als Zeitungsredakteur hineinreichen und erst in der Begegnung mit Eckhart zur Ruhe kommen. In ihm verbanden sich mehrere Elemente: Mein unbewusst bohrendes Vermissen von Liebe und Geborgenheit, meine Ablehnung der kalten Christusfigur und meine Sehnsucht nach Gott. Im Hintergrund, als vorgeburtliches Erbe gewissermaßen, rumorten »ozeanische Mystik« und, wie soll ich es nennen, eine Bereitschaft zur völligen Hingabe.

Das Ergebnis war letztlich, heute sehe ich das klarer als damals, dass ich von Gott eine totale Liebe für mich einforderte. Was ich im Leben bis dahin nur als Hungerportionen zugeteilt bekommen hatte, sollte Gott vollkommen ergänzen und befriedigen. Dafür nahm ich ihn ganz egoistisch in Anspruch. Ich brauchte offenbar eine Liebe, auf die endlich einmal zu hundert Prozent Verlass ist. Kirche und Theologie, so wie ich sie damals erfuhr, sperrten sich gegen solches Verlangen. Theologisch war das offenbar viel zu gefährlich, schwärmerisch geradezu. Für die meisten Theologen stand als handfeste Voraussetzung erst einmal der Glaube an Christus und sein Erlösungswerk vor der Liebe Gottes. Dieser Glaube erforderte strikten Gehorsam. Und die Liebe? Ja, die steckte schon irgendwo immer mit drin. Mir aber war das offenbar zu vermittelt, zu indirekt, ich suchte die Direttissima zu Gott. Dass ich sie finden durfte, lag an vier Entscheidungen, die ich nach und nach getroffen habe. Sie betreffen die sogenannte Rechtfertigung des Menschen, das Personsein Gottes, die Unmittelbarkeit zu Gott und etwas, das ich mit dem Wort Resonanz bezeichnen möchte.

Entscheidung für die Liebe

Der erste Schritt zu meiner religiösen Selbstfindung hing eng mit einem theologischen Begriff zusammen, der heute wie ein Dinosaurier in der Landschaft steht: die »Rechtfertigungslehre« Martin Luthers. Obgleich fast niemand mehr etwas mit diesem Begriff anfangen kann, der Inhalt ist noch immer die zentrale Glaubensaussage der lutherischen Theologie, Kern der konfessionellen Identität. Mir ist diese Lehre im *Rauhen Haus* so oft um die Ohren gehauen worden, dass ich sie am Ende tatsächlich verstanden habe. Und nur weil ich sie verstanden hatte, konnte ich sie mir auch spirituell neu aneignen. Ich denke, ich bin lutherischer Christ, weil ich Luthers zentrale Lehre heute besser verstehen kann, als er sie selbst zu seiner Zeit verstehen konnte. Das sollte nach bald 500 Jahren eigentlich selbstverständlich sein. Aber nirgendwo sonst ist Konservativität so zu Hause wie in einer institutionalisierten Religionslehre.

Dies wird zum Beispiel deutlich in dem Buch, das der namhafte lutherische Theologe Eberhard Jüngel 1998 über die Rechtfertigungslehre vorgelegt hat.[13] Er hat Luther (und Paulus gleich mit) eins zu eins ins Heute übertragen. Als ob es die historisch-kritische Bibelforschung, als ob es die Aufklärung, Darwin und Freud nicht gegeben hätte. Das ist theologische Konservativität, bei Jüngel in feinsinniger Sprache und auf hohem denkerischem Niveau betrieben, aber oft auch nur getarnt in verblüffend anmutenden dialektischen Wendungen und tautologischen Versicherungen nach dem Muster des weißen Schimmels, der sich gerade in seinem Weiß-Sein als Schimmel erweise.

Um den Befreiungsprozess zu verdeutlichen, der für mich bei der Rechtfertigungslehre begann, muss ich den Knackpunkt dieser Theologie erläutern. Dazu ein simples Beispiel: Schulzeugnis. Vor Gott hat jeder Mensch in seinem Zeugnis absolut miserable Noten: Liebe zu Gott: fünf; Liebe zu sich selbst: fünf; Nächstenliebe: fünf. Alle übrigen Leistungen: sechs. Merkwürdig nur: Schaut man auf die Gesamtnote unterm Strich, steht da eine Eins. Die hat Gott dahingeschrieben. Und diese Note allein zählt, wenn der Einzelne vor ihm steht.

Aber warum ist das so? Warum schreibt Gott die Eins dorthin? Warum wird der Mensch damit offenbar überhaupt nicht an seinen guten oder bösen Taten gemessen? Warum rechtfertigt Gott ihn in seinem miserablen Zustand und holt ihn ins Heil? Die Antwort hat Luther bei Paulus gefunden, im 3. Kapitel des Römerbriefes: Weil der gefallene Mensch von sich aus nicht fähig ist, Gott ethisch gerecht zu werden. Und weil der Gottessohn Christus sich durch seinen Opfertod am Kreuz für ihn eingesetzt hat. Nur wer das glaubt, kriegt auch eine Eins im Zeugnis (Vers 28). Wer das nicht glaubt, bleibt auf seinen Fünfen sitzen und verfehlt Gott. Ebenso, wer versuchen wollte, durch gute Taten an seiner Erlösung mitzuwirken. Erlösung gibt es nur geschenkt oder gar nicht. Sie ist unverfügbar, geschieht »sola gratia«, allein aus Gnade. Luther ist da strikt: Niemand kann sich den Himmel verdienen. Niemand kann sich Gottes Liebe verdienen. Wohlverhalten und gute Werke taugen nicht dazu. Da kann sich der fromme Mensch auf den Kopf stellen: Was er an Gutem getan hat, Gott rechnet es nicht zu, ebenso wenig wie das Böse, das er beging. Es gibt keine Waage. Und Gott ist kein Buchhalter. Luther geht hierin über Paulus hinaus. Der eiert an diesem Punkt nämlich ganz schön herum. Letztlich hat Paulus die Tragweite seiner Rechtfertigungsentdeckung im Römerbrief nicht erkannt. Deswegen stand sich der gelernte Pharisäer-Theologe mit seiner Gehorsamsideologie und dem strengen Richter-Gott immer wieder selbst im Wege. Wie anders ist es zu deuten, wenn er beispielsweise im 2. Korinther-Brief[14] schreibt: »Denn wir müssen alle vor dem Richterstuhl Christi offenbar werden, damit ein jeder (seine Vergeltung) empfange für das, was er während des Lebens im Leibe vollbrachte, sei es gut oder böse.«

Und was war mit mir? An ein Wesen namens Christus konnte ich nicht mehr glauben. Der war mir so fremd geworden wie uns allen heute die griechischen Gottmenschen Herakles und Asklepios, zu denen im Römischen Reich auch zur Zeit Jesu noch innig gebetet wurde.

Also musste ich mir Gott irgendwie anders »gewogen« machen. (»Ich muss menschlich davon reden«, sagt Paulus in solchem Fall.) Meine Lösung: Gott schreibt mir eine Eins in mein Zeugnis, weil er mich liebt. Basta. Irgendwann hörte ich einen Theologen sagen, Gott liebe jeden Menschen voraussetzungslos und bedingungslos. Na also! Dann kann auch der Glaube an einen Gottessohn Christus samt dessen wie immer geartetem Erlösungswerk keine Voraussetzung für die Note Eins in meinem Zeugnis sein. Ich entschied mich dafür, darauf zu vertrauen, dass Gott mich bedingungslos liebt, unter allen Umständen und ohne jede Gegenleistung. Das war Entscheidung Nummer 1. Mit ihr habe ich das »Rechtfertigungsgeschehen« von der Bindung an die Christusfigur gelöst, von dieser mythischen Folie der Antike. Damit auch von seiner juristischen Denkweise, wie sie im Opfertod-Gedanken steckt. Und ich habe die »Rechtfertigung« spirituell direkt in die Liebe Gottes hinein geweitet. Das ist theologisch schlichter und elementarer als die dogmatische Rede vom dreifaltigen Gott, der in einem komplizierten Rechtshandel mit sich selbst die Grundlage dafür habe schaffen müssen, todsündige Menschen überhaupt »rechtfertigen« zu können. Wenn man das Wort »Rechtfertigung« durch den Ausdruck »bedingungsloses Angenommensein« ersetzt, wie das einst schon der Theologe Paul Tillich[15] vorschlug, geht das »sola gratia« in keiner Weise verloren. Es ist vielmehr eingebracht in eine Fassung der Rechtfertigungslehre, die auf das Sein Gottes selbst gestellt ist. Philosophisch würde man von der »ontologischen« Fassung sprechen.

Natürlich kannte ich manche Geschichten in den Evangelien, aus denen man eine bedingungslose Liebe Gottes herauslesen konnte. Aber da sind ja auch ganz andere Texte im Neuen Testament. Ein Bibelwort findet man für jede Position! Und was die Evangelisten angeht, so betrachten sie ohnehin alles nur durch die christologische Brille. Jesus ist für sie immer schon der Gottmensch Christus. Dennoch bin ich mir sicher: In der Art, wie der Mensch Jesus besonders auf die Ausgegrenzten der Gesellschaft zugegangen ist, hat er ihnen die Angst vor Gott genommen. Hat ihnen Mut gemacht, Gott zu vertrauen. Gott ist nicht der zugleich strafende und barmherzige Gott, sondern er ist wie der Vater im Gleichnis vom verlorenen Sohn.[16] Ich glaube, die Leute haben damals nur deshalb so viel Aufhebens von diesem Prediger und seiner Hinrichtung gemacht, weil ihnen klar geworden war: Jesus hat die religiös gewohnte Drohbotschaft in ihr Gegenteil gekehrt. Das hat Jesus im Umgang mit anderen so intensiv vor Augen geführt, dass viele sogar dachten, sie sähen Gott selbst vor sich.

So schlägt es sich jedenfalls in der Wirkungsgeschichte Jesu nieder, die sich in den vier Evangelien spiegelt. Die damit gegebene historisch-kritische Aporie kann ich nicht auflösen: Von keinen Wort Jesu kann ich, können Neutestamentler heute mit Sicherheit sagen, er habe es tatsächlich so gesprochen, wie es da steht. Und dennoch lege ich mich auf ein bestimmtes Bild von diesem Jesus fest. Ich kann nicht anders, wenn er mir überhaupt etwas bedeuten soll. Mehr dazu im Kapitel über die Theologie. Hier nur dies: Mein Konstrukt lautet: Jesus hat die unbedingte Liebe Gottes ins Zentrum seiner jüdischen Religion gerückt. Gerechtigkeit und Barmherzigkeit waren damit nicht mehr die entscheidenden Attribute Gottes, sondern eine Liebe, die eigentlich blanke Anarchie ist. Die kommt zum Beispiel zum Ausdruck in der Erzählung vom Pharisäer und Steuerpächter.[17] Das Gleichnis verweigert ja schlicht die Antwort auf die Frage nach den Kriterien des göttlichen Urteils. Deutlich wird die Rücksichtslosigkeit, mit der sich Jesus über die herkömmliche Auffassung von Gerechtigkeit hinwegsetzt. Sieht man von der dümmlichen, wissenschaftlich längst als späterer Zusatz erkannten Erklärung in Vers 14,b (Satz zwei) ab, ein typisches Beispiel übrigens dafür, wie die Intention Jesu in der Überlieferung immer wieder abgebremst und umgefälscht wurde.

Was bedeutet es, wenn die unbedingte Liebe Gottes ins Zentrum des christlichen Glaubens rückt? Allgemein gesagt: Wir müssten unsere Theologie neu durchdeklinieren. Wir könnten dabei viel dogmatischen Ballast abwerfen und uns auf das Wesentliche beschränken. Und wir hätten das Evangelium *des* Jesus von Nazaret endlich ange-

messen in unsere Gegenwart übertragen. Theologen wie Drewermann, Biser, Zink, Joerns, Halbfas und – in größerem Respekt vor der
traditionellen Lehre – auch Hans Küng, haben das längst geleistet.
Auch der Amerikaner John S. Spong[18] beispielsweise. Aber in unseren
Kirchen geben leider andere Menschen den Ton an. Und die gehören
zu der in allen Religionen vorherrschenden Kaste der »Gottesfürchtigen«. Dazu mehr im Kapitel über die Kirche.

Wenn Gottes Liebe bedingungslos ist, dann heißt das für mich
selbst: Ich darf jede Furcht vor Gott ablegen. Und so habe ich denn
auch keine Angst vor ihm, niemals und unter keinen Umständen. Er
ist mir gut. Nur gut. Er zürnt nicht und straft nicht, nicht in jederzeit
möglicher Not, Krankheit, Schmerz und Leid noch im Sterben und
auch nicht danach. Und wenn Luther in seinem Kleinen Katechismus
Absatz für Absatz mit der Formel einleitet: »Wir sollen Gott fürchten
und lieben«, dann zeigt das nur: Er hat seine eigene Rechtfertigungslehre nicht zu Ende denken können. »Gott kann nur lieben. Darin liegt
das ganze Evangelium.« Das sagte Taizé-Gründer Roger Schutz kurz
vor seiner Ermordung. Als ich studierte, wäre das noch ein unmögli-
cher Satz gewesen. Dennoch hatte ich damals für mich genau dies gedacht, verbotenerweise und allein auf weiter Flur, wie ich es ein-
schätzte. Und was war es für ein Erlebnis, als ich, Zeitungsreporter,
Eugen Drewermann in einem Vortrag in Bayreuth sagen hörte: »Wir
müssen uns entscheiden. Entweder wir lieben Gott oder wir fürchten
ihn. Beides zusammen geht nicht.« Endlich hatte mal ein bedeutender
Theologe ausgesprochen, was ich heimlich immer schon für richtig
hielt. Bei Meister Eckhart fand ich es so ausgedrückt: »Es ist nichts in
Gott, das zu fürchten wäre. Wer Gott fürchtet, der flieht ihn.«

Natürlich ist damit das Furcherregende nicht aus der Welt, das Böse, das Grauenhafte, Leid, Elend und Unrecht unter uns. Weder das
Böse, das in uns Menschen wirkt, noch jenes lebensbedrohliche Übel,
das auch der Natur innewohnt. Für all dies gibt es keine letzte Erklärung. Die sogenannte Sündenfallgeschichte am Anfang der Bibel
kann das lange nicht mehr leisten. Wir sind zu aufgeklärt, um uns auf

ihre Symbolik noch einlassen zu können. Deswegen liegt der Schluss theologisch nahe, Gott selbst habe das Böse in seiner Schöpfung mit verankert. Diese Auffassung findet sich, nächst der Prädestination, in fast allen großen Religionsurkunden, in der Bibel, im Koran wie in den Heiligen Schriften der Hindus. Nirgends zentral, aber immer deutlich ausgesprochen. In der biblischen Schöpfungsgeschichte steckt das Böse in der Schlange, die Eva zur ersten sündigen Tat der Menschheit verführt. Aber wer anderes als Gott hat die Schlange geschaffen? In aller Deutlichkeit lässt der Prophet Jesaja Gott sagen: »Ich mache das Licht und ich schaffe die Finsternis. Ich gebe Frieden und ich verhänge das Unheil. Ich bin Gott, der hinter allem steht.«[19] Und im Koran heißt es immer wieder: »Gott tut, was er will. Er leitet irre, wen er will, und er leitet recht, wen er will. Und wem Gott kein Licht gibt, der hat kein Licht.«[20] Gehört Polarität somit zum Wesen des Schöpfers? Ohne das Gute wüssten wir dann nichts von dem Bösen in ihm, ohne seinen Zorn nichts von seiner Liebe. C. G. Jung hat das in seinem Buch über Hiob[21] ja brutal durchgespielt. Mich überzeugt es nicht. Ich denke zwar, Paradoxien sind das Salz der Religionen. Aber in dieser Paradoxie hätte ich es dann eben doch mit einem Gott zu tun, bei dem ich überhaupt nicht mehr wüsste, woran ich mit ihm bin. Inschallah!

Ich glaube, nein, ich erfahre es in meiner Seele: Gott ist eindeutig gut. Er ist nicht zweideutig, nicht ambivalent. Der katholische Theologe Eugen Biser hat das immer wieder ergreifend dargestellt.[22] Für ihn ist es »die revolutionäre Großtat Jesu, dass er die Ambivalenz aus dem Gottesbild der Menschheit getilgt hat«. So habe er »mit der Religion der Knechtschaft und Furcht gebrochen, die Mauer der göttlichen Unnahbarkeit durchbrochen« und »das Antlitz des bedingungslos liebenden Vaters zum Vorschein« gebracht. Theologisch muss man Jesus dabei allerdings heute besser verstehen, als er sich selbst verstanden hat, Kind seiner Zeit, das er natürlich auch war. Denn nicht von allen Sätzen, in denen Jesus vom Gericht Gottes, vom Satan und vom Höllenfeuer spricht, wird man belegen können, sie seien ihm später in den Mund gelegt worden.

Aber da ist natürlich noch der große Rudolf Otto, seinerzeit lutherischer Theologie-Professor zu Marburg. Sein 1917 geschriebenes Buch »Das Heilige«[23] ist heute noch Pflichtlektüre jedes Religionswissenschaftlers und jedes Theologen. Otto belegt: In allen Religionen löst das Heilige, das Numinose, das uns anspringt und ergreift, stets zwei Reaktionen aus: Der Mensch ist fasziniert und erschrocken zugleich. Otto nennt dies die Einheitserfahrung von »mysterium fascinosum« und »mysterium tremendum«. Gott ist danach immer auch der Schreckliche, der zu Fürchtende. Und da hätten wir es dann wieder: »Schrecklich ist es, in die Hände des lebendigen Gottes zu fallen.«[24] Und: »Schafft, dass ihr selig werdet, mit Furcht und Zittern.«[25] – Aber nicht mit mir. Ich lege mir das so zurecht: In Gott, wie ich ihn erfahre und wie er für mich auch bei Jesus sichtbar wird, in diesem Gott ist das Furcht gebietende »tremens« von der Macht des »fascinans«, des Fasziniert-Seins aufgesogen worden, geschluckt. Fertig, aus! Ozeanische Mystik. Da schlägt sie durch. Ich kann nicht anders, ich entscheide mich für den bedingungslos liebenden Gott. Ein Bibelwort? Klar: Auch dafür gibt es eines, mindestens eins: »Furcht ist nicht in der Liebe.«[26] Und die Ehrfurcht vor Gott? Sie ist ein Surrogat für Menschen, denen die Vorstellung eines jähzornigen Gottes peinlich ist. Ehrfurcht distanziert, sie trennt statt zu verbinden. »Ehrfurcht« gehört zusammen mit dem Wörtern »Gnade« und »Gehorsam« zur Standardrede der Gottesfürchtigen. Im Munde Jesu kommen diese Wörter einfach nicht vor. Das ist schon oft beobachtet worden. Ein Blick ins Wörterbuch zum Neuen Testament belegt es.

Das Echo auf solche Bekundungen bleibt natürlich nicht aus: Postmoderne Kuschelreligion! Wohlfühlgott, der allen wohl und niemand wehtun mag! Mainstream, voll im Trend der freischwebenden Religiösen! Billige Gnade! Gottes richtendes Handeln, sein Zorn, und Strafgericht werden ausgeblendet. Bürgerlich weichgespültes Christentum! Beliebig! Unverbindlich! Unmoralisch! Liberal! Schwärmerisch! Subjektiv! Und, Krönung der Verächtlichkeit: unpolitisch!

Ach du – mein Gott, lass sie lästern, deine Gottesfürchtigen. Sie haben keine Ahnung von der Liebe, die du schenken kannst. Aber was können sie eigentlich dafür, dass die Furcht vor dir so stark in ihnen wohnt? Ja, auf diese Frage hast du mir noch nie geantwortet. Und Stanislav Grof kennt auch nur die halbe Wahrheit. Froh bin ich aber, dass deine Gottesfürchtigen keine Scheiterhaufen mehr anzünden können. Und glücklich schätze ich mich, dass ich mein Geld nicht in ihrer Kirche verdienen musste.

Ist Gott Person?

Die Probleme mit der möglichen Ambivalenz Gottes würden sich theologisch leichter lösen lassen, wenn ich in meiner ozeanischen Mystik konsequent wäre. So konsequent wie Willigis Jäger beispielsweise, der namhafte Benediktiner und Zen-Meister, der Eckhart ebenso rauf und runter studiert hat wie ich.[27] Er folgt dem großen Mystiker auch in eine Gegend, in der ich mich lieber nicht so genau umsehen mag. Jäger verzichtet, wie andere Theologen mit ihm, auf das Personsein Gottes. Das personale Gottesverständnis bereite heute mehr theologische Probleme als es löse, das Gottesbild also, das dem Bild des Menschen von sich selbst ähnelt, der anthropomorphe Gott. Dieses Bild führe zur Objektivierung Gottes, über die der Mensch dann auch glaube verfügen zu können, missionarisch, drohbotschaftlich, wie immer. Ich sehe das im Grunde auch so. Und ich bin sicher, man kann die Nicht-Personalität Gottes aus manchen Predigten Eckharts durchaus herauslesen. Ich tue das trotzdem nicht. Meine Entscheidung Nummer zwei lautet: Gott ist für mich ansprechbares Gegenüber. Dabei bin ich mir sicher: Gott ist trotzdem etwas anderes, etwas »ganz anderes«. Aber die reine Non-Dualiät, die Seelen-Welle, die nichts anderes ist als das Meer selbst, das kosmische Energiefeld und was dergleichen Bilder sind: Ich kann sie nicht teilen. Ich erfahre keine Resonanz aus ihnen. Vielleicht erfährt so etwas, wer regelmäßig meditiert. Ich tue das nicht.

Ich kann auch nicht mit Gott verschmelzen, oder mit dem Sein an sich. Das habe ich jedenfalls noch nicht erfahren. Bin ich deshalb vielleicht nur ein halber Mystiker, ein »Plattfuß-Mystiker«? Aber man kennt in der Mystik ja durchaus die beiden gegensätzlichen Formen von Transzendenz-Erfahrung, die Einheitsmystik und die mystische Gegenüber-Erfahrung, hier Verschmelzung, dort Begegnung. Dass sich »Einheitserfahrende« immer wieder gern für die Mystiker schlechthin halten, kann ich gut verstehen. In der Gegenüber-Mystik lauert stets die Gefahr der Objektivierung Gottes samt potenzieller Bereitschaft, sich gewaltsam für diesen Gott einzusetzen. In dieser Gottesbeziehung steckt eine zwiespältige Kraft, »dynamis«, wie Paulus es mit dem entsprechenden griechischen Wort ausdrückt.[28] Gott als tödlicher Sprengstoff! Das ist in der Geschichte leider allzu oft wahr geworden. Gleichwohl: Ich muss Gott als Gegenüber ansprechen können. Aber dabei geht es mir weiß Gott nicht um dieses und jenes, das er tun oder lassen möge. Mein Gott, das sollten wir alle längst hinter uns haben. Manchmal bitte ich Gott um Gott – und damit sicher auch um mich selbst. Und mehr Gott geht eigentlich nicht. Willigis Jäger ist übrigens höchst souverän darin, dies einfach gelten zu lassen: »Bleiben Sie bei diesem Gott«, hat er mich nach einem Gespräch über Eckhart ermuntert.

Nur für mich da!

An der Personalität Gottes hängt auch die dritte Entscheidung, die ich getroffen habe. Sie klingt recht kindisch, sie ist es aber nicht: Gott ist nur für mich da. Das habe ich tatsächlich einmal wörtlich so gehört. Auf dem Herbergsbett liegend, im Nachklang zu einem Stoßgebet, vernahm ich ganz deutlich eine Stimme, die sagte: »Ich bin nur für dich da, Peter.« Die Betonung lag auf dem »nur«. Ich war allein unterwegs auf einer mehrwöchigen Fastenwanderung von Hof nach Bremen.[29]

Mir war der Satz richtig peinlich. Wie egoistisch, völlig selbstbezogen, wie Psychologen sagen würden! Später habe ich mir klargemacht: Der Satz ist eigentlich nur Ausdruck intimster Unmittelbarkeit zu Gott. »Du bist mein«, sagt Gott; und ich übertrage dieses Wort bei Jesaja[30] aus dem Bezug zum Kollektiv »Israel« direkt auf mich. Das gilt auch für die anderen Zu-Mut-ungen, die dort stehen: Gott kennt mich mit meinem Namen: Peter Rosien. Ich soll mich nicht fürchten! Er hat mich doch ohnehin längst erlöst, bildlich: aus Ägypten herausgeführt.

Somit also: Ich gehöre Gott, und Gott gehört mir, hundert Prozent. Dieser Gott ist buchstäblich mein Ein und Alles. Er ist mir näher, als ich es selbst oft bin. Nahe bei meiner Halsschlagader, wie es im Koran heißt. Mehr Gott geht nicht, jedenfalls von Gott aus. Und was das »nur« betrifft, so steckt dahinter das alte Wissen, dass »das Teil« oft gleichzeitig für das »Ganze« steht, pars pro toto, sagten die Römer. Anders herum ist es noch besser zu deuten: toto in parte. Das Ganze spiegelt sich im Teil. Will sagen: Die höchst individuelle Gottesbeziehung ist gleichzeitig die universalste. Denn natürlich ist Gott auch für jeden anderen Menschen da. Steckt er doch tief drin in der Seele jedes Individuums. Und niemand fällt aus seiner Liebe heraus. Auch wer nichts von ihr weiß, ihr zuwider lebt und sie nicht beantwortet. Aber das individuelle Bewusstsein, Mittelpunkt des je persönlichen Kosmos, kann Gott zunächst nicht anders wahrnehmen als den »nur für mich da«.

Drei Entscheidungen haben geholfen, mir meiner spirituellen Prägungen bewusst zu werden und meinen Glauben gedanklich zu klären: Gott liebt mich bedingungslos. Er ist ansprechbares Gegenüber. Und er ist »nur für mich da«.

Resonanz – sich finden lassen

»Jetzt bist du da, Gott!«

»Sehr geehrter Herr …
Ihre Zeilen zu meinem Jesus-Dossier in *Publik-Forum* haben mich
angerührt. ›Kann man dem christlichen Glauben glauben?‹, fragen
Sie. Ich höre es aus Ihrem Brief noch zugespitzter heraus: Kann man
Gott glauben, was Jesus über ihn sagt? – Ich muss gestehen, ich bin
ratlos, wie ein solcher Glaube innerlich und intim wirklich zustande
kommt. Wie kann man absolutes Vertrauen in einen Gott gewinnen,
der zusieht, wie ein sechsjähriges Mädchen an Krebs stirbt? Ich weiß
es nicht. Ich habe von mir bisweilen den Eindruck, Gott unmittelbar
gegenwärtig zu erfahren. Ohne Meditation, ohne alles, meistens in
Augenblicken, wo ich am allerwenigsten dran denke. Ich weiß dann:
Jetzt bist du da, Gott. Wie evident und schön das ist, werde ich oft erst
gewahr, wenn es nach wenigen Tagen wieder aufhört, was meistens
abrupt geschieht. Das ist natürlich eine völlig subjektive Erfahrung.
Ich nenne sie Resonanz. In ihr ereignet sich Gottvertrauen, ohne dass
die Frage nach dem sterbenden Kind eine Antwort fände. Ich weiß
nicht, wie man so etwas vermitteln kann. Es ist sicher ein Geschenk.
Ich kenne aber manche andere, denen es ebenso geht, auch in der Literatur. Warum nicht allen? Das gottgegebene Maß des Glaubens, von
dem Paulus spricht, ist nicht gerecht. Ich bin ratlos. Aber ich weiß: Religion hat es im Kern stets mit einem tiefen Heimweh des Menschen
zu tun, mit der unstillbaren Sehnsucht, die Wirklichkeit des lebendigen Gottes erfahren zu dürfen: ›Meine Seele dürstet nach Gott, nach
dem lebendigen Gott‹ (Psalm 42). Und dieser Sehnsucht nach Resonanz kann man zuarbeiten.«

Auf Probe glauben

Aber wie geht das? Wie kann man daran arbeiten, seiner Seele spirituell Heimat zu geben? Zunächst heißt es, sich seiner Sehnsucht und
seines Heimwehs deutlich bewusst zu werden: Ich möchte dir vertrauen, Gott, ich bitte dich um dich! – Hierbei geht es am allerwenigsten um Theologie, um intellektuelles Annehmen übernatürlicher
Glaubenswahrheiten gar. Nein, angesagt ist nackte Unmittelbarkeit
zu Gott. Dabei kann sich Resonanz ereignen oder auch nicht. Und
wohl dem, der sich dabei nicht fürchten muss. Für krasse Anfänger in
diesen Dingen hat der Mystik-Kenner Adolf Holl[31] einen praktischen
Ratschlag parat: »Das einfachste Rezept für den Eintritt in die Außer-
alltäglichkeit ist eine Kombination aus Schlafentzug, Hunger und
reizloser Umgebung. Nach einer Woche, die man auf diese Weise ver-
bracht hat, beginnt sich bei einigermaßen günstigen Voraussetzungen
das Jenseits zu melden.« Wer so bei Gott anklopft, muss sich zumeist
frei machen von allem, was »man« glaubt, was die Kirche sagt. Das
mag unserer Sehnsucht die Richtung vorgegeben haben, ist aber in
seiner konkreten Ausgestaltung zweit- und drittrangig. Es führt immer nur wieder zu »second hand gods« (Sölle).

Sodann muss man losgehen. Losgehen, um sich finden zu lassen.
Das heißt, man tut so, als ob man Gott bereits gefunden hat und ihm
von Herzen vertraut. Man glaubt auf Probe, glaubt an das, was man
noch sucht. Ja, man gebraucht Gott regelrecht für seine Suche. Dazu
kann man auch entscheiden, was man glauben will. Man kann Gott
gewissermaßen er-finden, hervorbringen, produzieren. Ich habe das
jedenfalls in meiner spirituellen Entwicklung so gemacht. Und bin
damit, denke ich, nicht schlecht gefahren. Ich durfte erfahren: Gott
lässt sich gebrauchen, wenn man ihn ernsthaft braucht, er lässt sich
finden, wenn man versucht, ihn zu er-finden. »Das Herz hat seine
Logik, die die Logik nicht kennt«, so benannte der Philosoph Blaise
Pascal vor über 300 Jahren diesen Prozess. Am Ende steht möglicherweise, dass wir uns von Gott lieben lassen können. Beten ist

dann nichts anderes als sich lieben lassen – und damit auch sich selbst lieben lernen.

Erfahrung oder Selbsttäuschung?

In all diesem geht es nicht um Glaubenswissen, um hersagbares Bekenntnis. Es geht darum, spirituelle Erfahrungen zu machen, Resonanz gewahr zu werden. Erfahrungen aber können immer auch trügen, sie können auch unklar sein und dann unter Umständen zu falschen Schlüssen führen. Und was Gott angeht, so darf man schon staunen: Wie ist es eigentlich möglich, etwas zu erfahren, das sich nicht denken lässt. Für elementare esoterische Erfahrungen gilt das ebenso, zum Beispiel für die Fähigkeit zum Hellsehen oder für ein – gelegentlich bezeugtes – jähes Gewahrwerden des Umstands, dass man hellwach neben dem Sessel steht, in dem man doch gerade sitzt und Zeitung liest. Konservativen Christen lässt das keine Ruhe. Sie postulieren Maßstäbe. Religiöse Erfahrungen tragen das Kriterium ihrer Geltung nicht schon in sich selbst, sagen sie. Es müsse ihnen von außen, exoterisch, zukommen. Aber von welchem »Außen« bitteschön ist dann die Rede? Von Gott selbst? Das ist ein Zirkelschluss. Aus der Bibel? Die dort geschilderten Gotteserfahrungen früherer Menschen, Mose am Dornbusch, Paulus vor Damaskus zum Beispiel, sind diese Erfahrungen etwa nicht subjektiv gewesen, als sie gemacht wurden? Bleibt die christliche Verkündigung, deren Zentrum oft einfach als »Christusinhalt« definiert wird. Ja, und da hätten wir es dann: Kirche beansprucht die Definitionshoheit darüber, was eine gute, eine exoterisch begründete religiöse Erfahrung ist, und was eine schlechte, eine rein esoterische ist. Dorothee Sölle urteilt dazu in dem bezaubernden Büchlein »Die Hinreise«[32]: »Erfahrung soll so gerade verhindert werden.« Offenheit, die zu Synkretismus (Religionsverschmelzung), gar zu eigenständigen Gedankenäußerungen führen könnte, solle vermieden werden. »Und so sprechen die religiösen Hierarchien ihren Mitgliedern im Allgemeinen jede Möglichkeit einer spirituellen

Erfahrung ab. Besonders in Deutschland hat die herrschende evangelische Theologie der Nachkriegszeit, die ›dialektische Theologie‹
(Barth, Bonhoeffer), die liberale protestantische Theologie (Schleier-
macher, Harnack) abschätzig ›Erlebnis- und Erfahrungstheologie‹
genannt und sie fast aus allen theologischen Fakultäten verdrängt.« –
Und so reden unsere Theologen dann auch heute noch lieber exoterisch und das heißt zumeist »erfahrungslos von erfahrungslosem
Glauben«, wie Drewermann beklagt.

Aber so funktioniert das eben nicht mit religiösen Erfahrungen. Wir
haben kein Kriterium für ihre Wahrheit. Selbst der Verstand ist nur
ein grobes Raster, ein elementar notwendiges allerdings. Doch steht
er vor dem Dornbusch, so muss auch er kapitulieren. Was am Ende
bleibt, ist entweder einleuchtend (evident), authentisch oder es ist eine Selbsttäuschung. In keinem Fall ist es die Wahrheit an sich. »Darum ist es besser, von Authentizität als von Wahrheit zu reden, wo es
um Glaubenserfahrung und ihre Reflexion geht« (Jörns).

Heilige Pflicht?

Resonanz geht von Gott aus, dem grundlos liebenden. Hat sie aber
das Herz getroffen, reagiert der Mensch. Er kann nicht anders, als
sich jenen zuzuwenden, die keine Chance auf Liebe hatten, die sie
vermissen und nicht wissen, wo sie wächst. Wie das geschieht, wird
sich jeweils ergeben. Gottesfürchtigen Christen ist das aber wieder
einmal viel zu einfach. Sie machen Moral daraus, heilige Pflicht. Oft
fordern sie existenzielles Mitleiden mit den Geschundenen und den
Armen, zumeist denen in Südamerika. Dabei geraten sie leicht wieder in jene Positionen, die Drohhaltungen und Ausgrenzungen erzeugen und aus denen Jesus zu seiner Zeit die Menschen herauslö-
sen wollte. Denn ethische und moralische Forderungen, wenn sie direkt aus der Autorität Gottes hergeleitet werden, nehmen unversehens die Form von Heilsnotwendigkeiten an. Plötzlich sind sie
dann Voraussetzungen, um von Gott geliebt zu werden. Sie sind

nicht mehr Resonanz auf die Liebe eines Gottes, der uns immer schon bejaht, sondern Bedingung. Der Gott Jesu aber stellt keine Bedingungen. Das habe ich erfahren und ich glaube es von ganzem Herzen. Credo: Mein Gott, mein Glück.

KEIN ORT NIRGENDS – EPOCHENWECHSEL

KEIN ORT NIRGENDS – EPOCHENWECHSEL

Weltbild in Trümmern

Der spinnt, der Gott

»Jetzo sank eine hohe edle Gestalt mit einem unvergänglichen Schmerz aus der Höhe auf den Altar hernieder, und alle Toten riefen: Christus! Ist kein Gott? Er antwortete: Es ist keiner. Ich ging durch die Welten, ich stieg in die Sonnen und flog mit den Milchstraßen durch die Wüsten des Himmels; aber es ist kein Gott. Ich stieg herab, soweit das Sein seine Schatten wirft, und schaute in den Abgrund und rief: Vater, wo bist du? Aber ich hörte nur den ewigen Sturm, den niemand regiert, und der schimmernde Regenbogen stand ohne eine Sonne, die ihn schuf, über dem Abgrund und tropfte hinunter. Und als ich aufblickte zur unermesslichen Welt nach dem göttlichen Auge, starrte sie mich mit einer leeren bodenlosen Augenhöhle an; und die Ewigkeit lag auf dem Chaos und zernagte es und wiederkäute sich.«[33]

Nie vergesse ich den Moment, als ich diesen Text zum ersten Mal las: Jean Pauls »Rede des toten Christus vom Weltgebäude herab, dass kein Gott sei.« Im Nacken sträubten sich mir die Haare, und ich bekam eine Gänsehaut. Dabei umfasst der Text nur wenige Seiten in dem dicken Roman über den Armenadvokaten »Siebenkäs«, den der Zeitgenosse Goethes und Schillers 1797 veröffentlichte. Jean Paul hat das geträumt, was er da so wortgewaltig notierte, ein Albtraum, wie er sagt.

Und er war froh, als er aufwachte: »Meine Seele weinte vor Freude«, schreibt er, »dass sie wieder Gott anbeten konnte – und die Freude und das Weinen und der Glaube an ihn waren das Gebet.«

Heute ist der Albtraum wahr geworden: Der Himmel hat sich für fast jedermann in ein unfassbares Chaos verwandelt. Es gibt kein Oben und Unten mehr, kein Zentrum, keinen Rand. Milliarden von Galaxien und Sternenhaufen mit jeweils Milliarden und Abermilliarden von Sonnen. Wenn auch niemand weiß, was das alles soll, so lässt sich vermutlich ein Anfang des Ganzen ergründen. Vor fast 14 Milliarden Jahren, sagen Astrophysiker. Explosionsartig seien damals die Energiequanten in Bewegung geraten, aus denen alle Materie im Kosmos besteht, auch die lebendige. Irgendwann, in zig Milliarden Jahren, würden diese Quanten auch wieder zur Ruhe kommen, »Wärmetod« genannt. Und Gott? Mein so innig geliebter Gott, der mich bei meinem Namen ruft? Ich kann nicht anders: Wann immer ich in die pralle Sternenwelt sehe, schießt mir der Satz durch den Kopf: Der spinnt, der Gott. Ich frage mich, spielt er da draußen eigentlich Golf mit den Galaxien? Hat er denn nichts Besseres zu tun, als immer neue Sonnen zu schaffen? Oder hat er das Ganze nur von außen angestoßen, um sich dann zurückzuziehen? Physiker haben aber längst auch Modelle, nach denen sich der Kosmos als Selbstorganisation der Materie darstellen lässt. Allerdings – die alte philosophische Frage in diesem Zusammenhang kann ich nicht unterdrücken: Wieso ist eigentlich überhaupt etwas und nicht nichts? Oder, wie der Astrophysiker Stephen Hawking sagt: »Warum macht sich das Universum die Mühe, zu existieren?« Dennoch: Für unsere menschlichen Belange ist die Welt der Galaxien in ihrer kalten und einfachen Schönheit absurd, ohne Sinn und Ziel.

Aber vielleicht hat Gott in seinem Kosmos noch andere Lebewesen versteckt? Astrophysiker halten das für durchaus wahrscheinlich, gibt es doch allein in unserer Milchstraße Milliarden Sonnen samt möglichen Planeten. Heute kennt man bereits einige Dutzend fremde Sonnen, die jeweils von mindestens einem Planeten umkreist werden. Hollywood hat ja im »Krieg der Sterne« und anderen Filmen schon oft fantasievoll durchgespielt, was das heißen könnte. Dennoch: Wir Erdlinge haben absolut keine Chancen, mit möglichen anderen Lebewesen im All Kontakt aufzunehmen. Kein Irdischer kann die Wahnsinns-Dimensionen überwinden, um die es im Kosmos geht. Materie kann sich grundsätzlich nicht schneller bewegen als mit Lichtgeschwindigkeit. Das gilt seit Einsteins Relativitätstheorie als sicher. Und das gilt dann natürlich auch für Funkwellen oder Raumschiffe. Geht es aber um Entfernungen zwischen Sternen oder gar Galaxien, ist die Lichtgeschwindigkeit mit ihren 300 000 Kilometern pro Sekunde langsam wie eine Schnecke. Gleichwohl sind Astrophysiker seit Einstein gewiss: Was wir Menschen hier auf der Erde als Raum und Zeit erfahren, gibt es im Weltall ohnehin so nicht. Zeit ist dort eine Funktion des Raumes. Und der ist »gekrümmt«. Was immer das heißt, es ist nur noch in mathematischer Sprache darzustellen.

So lebe ich also auf einem einsamen und winzigen Planeten im Weltall. Und das zusammen mit gegenwärtig über sechs Milliarden anderen Menschen. Als ich zur Schule ging, waren es übrigens noch anderthalb Milliarden. Das Universum, in dem wir mit unserer Sonne dahintreiben, ist so unvorstellbar groß, dass ich mir eingestehen muss: Wenn Gott das geschaffen hat, so habe ich nicht die geringste Ahnung, was er sich dabei gedacht hat. Er muss verrückt sein. Genau so verrückt wie ich, der ich an ihn glaube und ihm vertraue.

Aber woher sollte ich auch wissen, was Gott denkt? Ich bin Teil eines Bewusstseins, das sich erst vor wenig mehr als 100 000 Jahren aus dem Meer des Unbewussten herausgehoben hat. Seit der Zeit, als der Homo sapiens in Afrika zu seiner Erderoberung aufgebrochen ist. Wir Menschen leben nicht nur auf einem Staubkorn im Weltall, uns gibt es im kosmischen Zeitmaßstab auch erst seit wenigen Sekunden. Nimmt man die 14 Milliarden Jahre seit dem Urknall als 24 Stunden, so entsprechen die maximal 3 Millionen Jahre seit den ersten Hominiden gerade 19 Sekunden. Und erst seit einer Nanosekunde wissen wir tatsächlich um unsere Situation im All, seit weniger als 80 Jahren. Und genau in diesem Zeitraum von wenigen Jahrzehnten haben wir auch die Möglichkeit geschaffen, uns selbst als Menschheit der Gattung Homo sapiens in wenigen Augenblicken komplett auszulöschen – oder in einem etwas längeren Zeitraum an Umweltzerstörung auszusterben. Wer unter solchen Umständen an Gott glaubt, muss irgendwie verrückt sein. »Wo war dieser Gott eigentlich die ganze Zeit, bevor es uns Menschen gab? Hat er auf uns gewartet?« (Willigis Jäger)

Alles und Nichts

Aber das Un-Glaubliche geht noch weiter: Steigt man in die Welt der Atome ein, wird Gott vollends rätselhaft. Atome bestehen aus Nichts – aus fast Nichts. Zwischen dem Kern und der ihn umschließenden »Teilchenwolke« liegt eine Ewigkeit von Abständen. Atome bestehen überwiegend aus leerem Raum. Die feste Materie, die wir um uns her wahrnehmen, ist eigentlich eine Illusion. Atome sind Alles und Nichts zugleich. Fast Nichts, das aus Nichts geschaffen wurde? Eine nichtige Masse, die nichts anderes ist als geronnene Energie. Noch verrückter wird es, wenn wir erkennen müssen, dass uns diese Atome eine grundsätzliche Barriere unserer Naturerkenntnis aufzeigen. Die Elementarteilchen eines Atoms reagieren gewissermaßen auf den sie beobachtenden Forscher. Beobachter, das beobachtete Objekt und der Akt des Beobachtens bedingen einander. Subjektivität kommt ins Spiel, die Kausalität des Ursache-Wirkungs-Prinzips ist im subatomaren Maßstab außer Kraft gesetzt. Nichts anderes besagen die subatomaren Unschärfe-Beziehungen, die als erster der deutsche Physiker Werner Heisenberg auf den Begriff gebracht hat. Einstein konnte diese Erkenntnisse der Quantentheorie nicht ertragen. Sie waren mit seiner schönen Relativitätstheorie nicht zu vereinbaren. Letztlich hieße dies ja, dass Gott ein Universum geschaffen hat, in dem manche Dinge dem Zufall überlassen sind. »Gott würfelt nicht«, hielt Einstein dagegen. Er konnte sich eben nicht vorstellen, dass Gott verrückt ist.

Dabei es ist wohl eher unser abendländisch-christliches Weltbild, das wirklich verrückt wird. Es ist in unseren Köpfen ver-rückt, passt nicht mehr hin, wo es Jahrtausende lang war, zerfällt in Trümmer. Und wir verlieren langsam die Orientierung. Auch können wir nicht mehr orten, wo Gott in diesem zerfallenden Weltbild noch hingehören könnte. Sigmund Freud sprach einmal »von den drei großen Kränkungen, welche die Wissenschaft dem menschlichen Ich angetan hat, drei Demütigungen. Kopernikus lehrte uns, dass wir nicht in der Mitte der Welt wohnen; Darwin, dass wir nur die Vettern der Tiere sind; die Psychoanalyse, dass das bewusste Ich nicht Herr im eigenen Haus ist«.[34] Theologie tut sich heute noch schwer mit diesen drei Erkenntnissen. Sie haben regelrecht zu einem Umsturz im Weltbild der Bibel geführt. Das betrifft besonders die gewaltigen Kapitel am Beginn der Bibel, die die »Schöpfung«, den »Sündenfall« des Menschen und die »Vertreibung aus dem Paradies« schildern. Das Ergebnis ist, dass viele Theologen versuchen, in einander widersprechenden Weltbildern gleichzeitig zu leben.

Erbsünde – ein Mythos geht baden

Der Mensch kommt aus der Tierwelt. Er hat gemeinsame Vorfahren mit den Affen. Sein genetisches Erbgut weicht um minimale Bestandteile von jenem des Schimpansen ab. Aber wir sind nicht nur die Vettern der Tiere; dass es uns überhaupt als Homo sapiens gibt, ist »einer Fülle ungerichteter Zufälle« (Drewermann) zu verdanken. Seit Charles Darwin Mitte des 19. Jahrhunderts die Evolutionstheorie begründete, ist dies immer deutlicher geworden: Das Leben auf der Erde hat sich in über drei Milliarden Jahren von Einzellern über Mehrzeller, Pflanzen und Tiere zu uns Menschen hin entwickelt. Hinein in eine zunehmende Komplexität. Treibende Kräfte dieser Evolution sind Lebenswille, Kampf ums Dasein sowie zufällig entstandene Mutationen im Erbgut dieser oder jener Gattung. Mutationen, die im Kampf ums Dasein unter Umständen einen Vorteil bieten, der die

Gattung stärkt. Die verschwenderische Artenvielfalt des Lebens ist von daher weitgehend dem Zufall geschuldet. Die Evolution des Homo sapiens mit ihren vielen Vorstufen und Nebenlinien macht da keine Ausnahme. Davon sind die meisten Biologen und Genetiker überzeugt. Von wegen: durch planvolles Handeln eines allmächtigen Schöpfergottes ins Leben gerufene Vielfalt. Da ist er wieder, der göttliche Würfelbecher.

Theologisch sind mir schon im Studium zwei Fakten in der Evolution aufgestoßen, die sich mit der traditionellen Lehre überhaupt nicht vereinbaren lassen: das Leiden und der Tod. Der Mensch ist in der Evolution des Lebens auf der Erde erst sehr spät entstanden. Unsere Anfänge liegen höchstens drei Millionen Jahre zurück, als sich die ersten Affenwesen zum aufrechten Gang des Homo habilis erkühnten. Unzählige Jahrmillionen vor uns gab es also den Tod. Pflanzen und Tiere sind gestorben, sie haben sich gegenseitig aufgefressen, sie sind in geologischen Perioden globaler Katastrophen in Massen jämmerlich krepiert, weggepustet von der Erde wie die Dinosaurier, und das alles, bevor überhaupt der erste Mensch über den Planeten lief. Die Bibel aber gibt dem Menschen für die Tatsache des Todes die Schuld. Und für das Leiden gleich mit. Paulus formuliert es glasklar: Der Tod ist Folge der Sünde des Menschen.[35] Dabei bezieht er sich auf den sogenannten Sündenfall, der am Anfang der Bibel geschildert wird. Augustinus, 400 Jahre nach Paulus, hat dies zur »Erbsünde« hochstilisiert, der zufolge jedem Menschen seit Adam und Eva eine Sündenschuld sozusagen angeboren ist. Dieses Denken durchdringt seither fast alle christliche Theologie. Aus heutiger Sicht ist es schlicht ein Irrtum. Naturwissenschaftlich ist die Überzeugung des Paulus längst nicht mehr zu halten. Ein jahrtausendealter elementarer Mythos zerfällt vor unseren Augen, geht regelrecht baden. Statt aber daraus ernsthaft Konsequenzen zu ziehen, interpretieren Theologen diesen Irrtum einfach weg. Sie sagen dann: In jeder Menschenseele geschehe die in der Bibel erzählte Ab-Sonderung von Gott neu, die Sünde eben, aus der Tod, Leid und Verderben hervorgehen. Ich halte das für eine zum Gotterbarmen elende Theologie. Sie nimmt schlicht nicht zur Kenntnis, dass Leiden und Tod schon lange vor uns Menschen das Leben regierten. Sie bleibt einfach dabei: Der Mensch ist schuld daran. Aber natürlich: Wo kämen die Pfaffen hin, wenn sie den Menschen keine tiefe Schuld mehr einreden könnten?

Und dann das Leiden selbst, das allem Sterben vorangeht. Den Tieren gestehen wir längst zu, dass sie leiden können. Aber auch bei Pflanzen, die »eingehen«, beispielsweise durch Wassermangel, ahnen wir, dass sich etwas Leidvolles ereignet. Leben ist Leiden, denn es muss immer neu um sein Überleben kämpfen. Ein Kampf vor allem um Nahrung, und das heißt: um Sonnenenergie. Diese Energie ist in den Lebewesen gespeichert, weshalb sie danach trachten, sich gegenseitig aufzufressen. Fressen und Gefressenwerden: »Leben ist eine endlose Kette des Tötens, Verschlingens, Verdauens und Ausscheidens«, wie Eugen Drewermann es trefflich beschreibt. Er hat den theologischen Fragen nach Kosmos, Evolution, Herkunft und Bewusstsein des Menschen sein siebenbändiges Hauptwerk »Glauben in Freiheit« gewidmet.[36] In ihm wird auch immer wieder deutlich: Leben heißt, ständig von Nahrungsmangel bedroht zu sein. Mangel ist überhaupt eines der Grundprinzipien des Lebens auf diesem Planeten. Mangel an Nahrung, an Schutz, an allem, was Menschen, Tiere und Pflanzen brauchen.[37] Dazu kommen die mancherlei tödlichen Bedrohungen aus der unbelebten Natur, Erdbeben, Vulkanausbrüche und anderes mehr. Auf unserem einsamen Planeten im All herrschen seit Urzeiten Angst, Gewalt, Leid und Naturkatastrophen. Auch der Homo sapiens ist in dieser Welt entstanden und unterliegt ihren Gesetzmäßigkeiten. Er hat sie, verdammt noch mal, nicht verschuldet. Schon gar nicht den Tod. Wenn Gott der Schöpfer ist, dann muss er all das Leiden und Sterben in der Natur verantworten. Was wir Menschen einander schuldhaft antun, was wir der übrigen Natur antun, das müssen wir verantworten. Aber sind nicht auch wir zum Kampf ums Dasein verurteilt? Was uns aus dem blinden Natur-Walten herausheben kann, sind Erfahrungen von Liebe und bisweilen sogar von einer letzten Ganzheit hinter allen Widersprüchen und allem

Leid. Ein metaphysisch gedachter Schöpfergott aber, der das Leben so mangelhaft, qualvoll und tödlich eingerichtet hat, kann eigentlich kein gütiger Gott sein. Wenn er auch noch allmächtig wäre, könnte man ihn nur als irgendwie bösartig ansehen. Über einen weisen Juden wurde einmal gesagt: Er glaubte an Gott, aber er konnte ihn nicht leiden. Vor dem Hintergrund unseres zerfallenden Weltbildes halte ich das für eine treffliche Einstellung.

Der Klabautermann

Inkonsequenz ist etwas sehr Menschliches. Erkennt man sie und akzeptiert sie, kann man mit ihr leben. Das ist Erfahrung. Auch Paulus war ein Mensch mit seinem Widerspruch. Aber er hat diesen nicht wahrgenommen. Für mich klingt der frühere Pharisäer deswegen oft bigott. An manchen Stellen kann ich ihn nicht ausstehen. Einerseits ist für Paulus klar: Das Gute, das jemand will, das tut er oft einfach nicht, sondern er tut das Böse, das er nicht will.[38] Da helfen alle Gebote Gottes nichts. Letztlich kann der Mensch Gottes Anforderungen niemals gerecht werden. Andererseits trompetet derselbe Paulus: Nach der Erlösungstat Christi gelte es nun, den Gehorsam des Glaubens aufzurichten[39]. Man müsse Christus in allen Stücken gehorsam sein.[40] Und was heißt das anderes, als die Gebote Gottes zu befolgen, die ja auch, meint Paulus, die »Lehre« Christi sind. Gehorsam ist eine der Lieblingsvokabeln in den Briefen des Paulus. War bei Jesus von Gehorsam und gehorchen nie die Rede, so kommen diese Worte sonst im Neuen Testament 87 mal vor, davon 43 mal in den Paulusbriefen. Der Autor schwelgt geradezu darin: Mit Adams Ungehorsam hat alles Unheil in der Welt begonnen. Und die Gehorsamstat Jesu Christi ist die Grundlage allen Heils.[41] Mit dieser Rede wurde Paulus zum Kronzeugen von Glaubensgehorsam, Moral und Willensethik, seit jeher Hauptbestandteile christlicher Verkündigung.

Dass dieser Ethik vor gut hundert Jahren der Todesstoß versetzt wurde, welchen Moralapostel schert das? Die entsprechenden Einsichten Sigmund Freuds werden heute noch gern ausgeblendet, besonders krass in der katholischen Moraltheologie, aber auch im evangelikalen Christentum. Überall dort, wo der freie Wille des Menschen auf ein Podest gehoben wird, tut man so, als habe es die Kunde vom Unbewussten nicht gegeben. Der Mensch kann zwischen Gut und Böse unterscheiden, sagt die Bibel. Und Gott hat uns den freien Willen gegeben, danach zu handeln. So einfach ist das. Und so falsch ist das. Dabei war Paulus ja schon nahe dran an Freuds Einsicht: Wir tun oft schlicht nicht, was wir für richtig halten, ja wir tun, was wir eigentlich ablehnen. Wir sind nicht wirklich Herr im Haus unseres Ichs. Das kommt daher, sagt Freud, dass da in uns eine Art Klabautermann am Werk ist, unsichtbar, boshaft, närrisch und tückisch. Einer solchen Figur haben Seeleute früher alles in die Schuhe geschoben, was an Bord nicht mit rechten Dingen zuging. Ihr Klabautermann hauste im Inneren des Schiffes, keiner war vor ihm sicher, aber man konnte seiner auch niemals habhaft werden. Bei Freud heißt der Klabautermann »Es«, das Unbewusste. Dieses Es ist vor allem gespeist aus natürlichen Trieben, vergessenen oder verdrängten Erfahrungen der ganz frühen Kindheit. Mit ihnen beeinflusst es unser »Ich«-Bewusstsein, ohne dass wir es bemerken. Es agiert am Verstand ebenso vorbei wie am »Über-Ich«, also an dem, was »man« tut, was die Gesellschaft fordert. Wir tun dann unter Umständen Dinge, die wir gar nicht wirklich wollen, und das oft in endlosen Wiederholungsschleifen. Deswegen ist eine Ethik, die nur an den Willen appelliert, letztlich unwirksam. Sie überfordert uns oft. Sie blendet allzu oft die Realität aus, wird rasch ideologisch. Der freie Wille ist eben sehr oft höchst unfrei. Zu diesem Urteil hat ja neuerlich auch die Hirnforschung einiges an experimentellen Beobachtungen beigetragen. Beruft man sich dem Willen gegenüber gar noch auf ein göttliches »Du sollst«, darf sich niemand wundern, wenn Menschen sich in nichts bessern. Du sollst und du kannst, wenn du willst. Diese Gleichung geht allzu oft nicht auf.

Jesus von Nazaret hatte dies intuitiv bereits erfasst. Er verstand sich schließlich auch auf Klabautermänner. Bei ihm hießen sie böse Geister, Dämonen. Er hat allerhand Leute von ihnen befreit. Dabei war es stets seine Haltung: Nur Menschen, die in der Liebe Gottes aufleben können, haben eine Chance, sich gegen die Besessenheit durch unbewusste Motive zu behaupten. Diese Überzeugung hat in seiner Person regelrecht Gestalt angenommen. In seinem ganzen Tun und Reden, hinter allen seinen zeitgeistigen Vorstellungen von Satan, Hölle und Endzeit hat er in der Tiefe nur dies verkörpert: Erst in der grundlosen Liebe Gottes kann ein Mensch zu sich selbst finden und fähig werden zu eigener Liebe. Zuerst kommt der Indikativ des Geliebtseins. Dann kommt meilenweit überhaupt nichts. Dann erst kann der Imperativ des Sollens zur Geltung kommen. Vertraue in die Liebe Gottes, und dann tu, was du tust. So, sinngemäß, ermutigte Jesus seine Hörer. Nichts anderes letztlich hat Luther später in der Rechtfertigungslehre neu formuliert. Paulus aber hat sich zu solcher Freiheit nie durchringen können. Matthäus übrigens auch nicht. So, wie dieser Evangelist die Bergpredigt zusammengestellt und bearbeitet hat, hält er von einer zuvorkommenden und bedingungslosen Liebe Gottes gar nichts. Matthäus stellt zwei Bedingungen. Wer von Gott geliebt werden will, muss das Gesetz des Mose bis ins letzte Jota erfüllen. Und er muss sich dabei besonders um die Armen und Ausgegrenzten kümmern. Oft schon habe ich mich gefragt, wieso Luther dies eigentlich nie bemerkt hat. Was Matthäus verkündet, der Reformator hätte es »Werkgerechtigkeit« nennen müssen. Zu Recht hat er immerhin aus Sicht seiner Rechtfertigungslehre den Jakobusbrief als »eine stroherne Epistel« betrachtet. Klar auch, dass Matthäus der Lieblingsevangelist der katholischen Kirche wurde. Das tätige Mitwirken des Menschen an der Erlösung, das hat sie schon immer hochgehalten.

Wir sind nur zu einem geringen Teil verantwortlich für unsere Willensentscheidungen. Wir sind nicht wirklich Herr im Haus. »Die Wahrheit ist, dass die Seele sich in weitem Umfang gar nicht kennt«(C. F. v. Weizsäcker). Dass die Ursachen für die unbewusste »Fernsteuerung« des Ichs noch viel tiefer liegen als in der frühen Kindheit, das hat lange nach Freud die transpersonale Psychologie aufgezeigt. Sie führt in ihren Konsequenzen bereits hinüber in ein anderes Weltbild, eines, das gerade am Horizont der Menschheit heraufzieht.

Brett vorm Kopf

Weltbilder sind zählebig. Auch wenn sie bei den Wissenden einer Kultur längst überholt sind, leben sie weiter, als ob nichts geschehen wäre. Sie sind schließlich auch sinnstiftend, lebensnotwendig, geben Halt, Boden unter die Füße. Dennoch: Eigentlich hätten wir spätestens seit Immanuel Kant wissen können, dass unser vertrautes, durch Hebräer und Griechen begründetes, durch Descartes und Newton materialistisch abgerundetes Weltbild nicht mehr stimmt. Aber was sind schon gut 200 Jahre, wenn es um eine Wahrheit geht, die seit Jahrtausenden geglaubt wird? Kant hat mit seiner »Kritik der reinen Vernunft« den Glauben zerstört, wir könnten die Welt so erkennen, wie sie »an sich« ist, das heißt, wie sie »in Wirklichkeit« ist. Die Strukturen, in denen wir die Welt wahrnehmen nach Zeit, Raum, Ursache und Wirkung, sind uns im Laufe der Evolution genetisch angezüchtet worden. Sie sind uns »innerlich« eigen, angeboren. Für Kant hatten sie »im Außen« gewisse Entsprechungen. Sie waren für ihn mit Teilen der Welt außerhalb unserer Haut »kompatibel«, wie wir heute sagen würden. Fest steht: Wir können uns als Menschen offenbar untereinander sprachlich über unsere Wahrnehmungen austauschen und verständigen. Dadurch sind wir zu einem bedeutenden Teil aus dem Tierreich herausgehoben. Gleichwohl kennen wir unsere Welt und uns selbst darin nicht anders als »zur Sprache« gebrachte Welt. Mit ihr lesen wir die Welt als innere Landkarte, die die Landschaft wohl ganz nützlich widerspiegelt, aber keinesfalls die Landschaft selbst ist. Oder, mit Hoimar von Ditfurth: »Wir leben nicht in der Welt, sondern inmitten der Bilder, die wir uns von ihr machen.«[42] Objektive Wirklichkeit? Für uns ist sie nicht zu erkennen. Gibt es sie überhaupt?

Als Student in den wilden 1968er-Jahren habe ich einige Male Bekanntschaft mit den verrückten Wahrnehmungsveränderungen gemacht, die durch LSD ausgelöst werden. Es waren faszinierend schöne Eindrücke, keine albtraumhaften. Reine Glückssache, wie ich heute weiß. Geblieben ist mir ein Sensorium dafür, dass wir im Alltag eigentlich mit einem Brett vor dem Kopf herumlaufen. Gerade wenn wir hellwach sind und sozusagen alle unsere Tassen im Schrank haben. »In Wirklichkeit« ist die Wirklichkeit nach allen Seite in einer Weise offen, die mit unserer zu-greifenden, also »begrifflichen« Sprache gar nicht mehr darzustellen ist. Werden die »Pforten der Wahrnehmung« (Aldous Huxley) einmal weit geöffnet, machen wir Erfahrungen, die wir mit dem Verstand nicht annähernd nachvollziehen können. Erfahrungen, die paradox und nichtkausal angelegt sind. Davon können ja auch viele Mystiker, Schamanen und Meditierende ein Lied singen, wozu mehr im Kapitel über Mystik zu sagen wäre.

Nicht erst seit der Chemiker Albert Hofmann 1943 die Bewusstseinsdroge LSD entdeckte, haben Erkenntnistheoretiker immer wieder feststellen müssen, wie erstaunlich beschränkt unsere Verstandes- und Willenskultur am Ende ist. In dieser Einsicht haben sie sich mit Tiefenpsychologen, Ethnologen und Atomphysikern getroffen. Heute sind wir an einem Punkt angelangt, an dem der jahrtausendealte Glaube an eine objektive Welt in Zeit und Raum erschüttert ist. Auch wenn es unserem normalen alltäglichen Empfinden völlig widerspricht: Die Wirklichkeit scheint überhaupt nicht objektiv festzustehen. Was wir für objektiv »gegeben« halten, ist nur in unserem Gehirn da, vermutlich samt Sternenwelt, Quantensprüngen und selbst dem saftigen Steak auf dem Mittagstisch. Da sind sich heute viele Wissenschaftler einig. »Alle Aussagen, die überhaupt denkbar sind, werden von der Psyche gemacht.« Das hatte C. G. Jung schon um 1950 betont. Er teilte allerdings noch die »stillschweigende Überzeugung der Naturwissenschaft«, dass es eine objektive Welt da draußen, außerhalb unserer Haut gibt. Heute ist genau dies nicht mehr sicher. Holismus heißt das neue Zauberwort. Es ist die Stunde der Bewusstseinsforscher.

Alles Geist oder was?

Früher war das einfach: Es gab die Materie und es gab den Geist. Der Geist handhabte und erforschte die Materie. Er erkannte immer mehr Gesetze der Natur, und es sah so aus, als könne er am Ende alle Rätsel der Materie lösen. Durch die ganze Neuzeit hindurch galt die Unterscheidung von Geist und Materie, Subjekt und Objekt, als das entscheidende Merkmal im Universum. Ewige Dualität: Unvermischt und unvermischbar stehen die beiden einander gegenüber. Auch Kant hat an diesem Weltbild nichts ändern können.

Aber solche Denkweise ist seit Jahrzehnten ziemlich out. Das Wörtchen »und« zwischen den Polen Geist und Materie hat sich gewissermaßen in nichts aufgelöst. Es gibt heute zwei einander gegenüberstehende Weltbilder. Für viele nachdenkliche Menschen hat sich das Gewicht vollends auf das Materielle gelegt. Das war seit Descartes und Newton ohnehin die Haupttendenz. Für solche Zeitgenossen ist letztlich alles nur Materie. Leben, Geist und Bewusstsein sind danach prinzipiell Produkte der Materie. Und sie sind in der Evolution eher zufällig entstanden. Das Bewusstsein wird hierbei als Begleiterscheinung physiologischer Prozesse im Gehirn aufgefasst. Es ist ein Produkt des Gehirns, samt allen Gottesvorstellungen, die es hervorbringen mag. Besonders oft neigen Hirnforscher heute dieser Auffassung zu, aber auch in der Medizin ist sie noch verbreitet. Und bei Theologen: Oft schon ist mir aufgefallen, wie Gottesgelehrte beider Konfessionen sich auf diesen nüchternen Befund stützen, um umso ungenierter ihre spekulative Metaphysik behaupten zu können. Sie ist dann gewissermaßen das göttliche »Drüberher« und »Drumherum« eines materialistischen Weltbildes, weder beweisbar noch widerlegbar, aber mit der Kraft des Willens zu glauben.

Andere Zeitgenossen sind dagegen sicher: Die moderne Physik lässt genau das nicht mehr mit sich machen. Sie ist Physik und Metaphysik in einem. »Zitate von Hildegard von Bingen, Meister Eckhart und anderen ziehen sich überall durch die heutige physikalische Lite-

59

ratur«, beobachtet Jörg Zink, der diese Zusammenhänge in seinem Buch über die »Urkraft des Heiligen« spirituell sehr schön ausgeleuchtet hat.[43] Der mathematisch geschulte einstige Pilot unterstreicht, dass es heute gerade Atomphysiker sind, die Materie und Geist nur noch zusammendenken können. Das haben sie schließlich in ihren riesigen Kernforschungsanlagen erfahren müssen: Der alte Dualismus von Materie und beobachtendem Geist hat sich in den Quantensprüngen und Spin-Impulsen aufgelöst. Der Beobachter ist Teil des Geschehens. Es gibt »keine objektivierbare Wirklichkeit«, wie Max Planck betonte. Letztlich stehen somit Geist und Materie für ein und dieselbe unbekannte Realität, zwei untrennbar ineinander verwobene Aspekte der Wirklichkeit. Atome sind, so lesen wir, komplexe Aktivitätsstrukturen, eigentlich Energieschwingungen in Feldern. Man könne gar nicht mehr von »Grundbausteinen der Materie« sprechen. Atome seien keine Dinge, sondern Tendenzen. Die Wirklichkeit sei ein Gewebe, in dem im Grunde alles mit allem verbunden ist. Der Wissenschaftsphilosoph Karl Popper hat das Ergebnis auf den Punkt gebracht: »Durch die moderne Physik hat sich der Materialismus selbst transzendiert.« Dieses Weltbild stellt die Theologie vor gewaltige Probleme. Das klassische metaphysische Weltbild ist damit schließlich komplett hinfällig. Und die Behauptung, man könne mit Hilfe der natürlichen Vernunft Gott als Schöpfer der Welt aus den sichtbaren Dingen erkennen, dieses Behauptung hat jede Plausibilität verloren. Natürliche Theologie ist unsinnig geworden. – Aber bring das mal jemand dem Papst bei.

Besteht also Materie generell aus Feldern, in denen Energie gebunden ist, so gilt das uneingeschränkt auch für den Menschen. Dieser ist dann gewissermaßen eingesponnen in ein Feld aus Geist, Energie und Bewusstsein. Von daher kann eben auch niemand mehr wissen, ob die Welt außerhalb unseres Bewusstseins real existiert. Vermutlich ist das Universum eine Art Innenwelt des Bewusstseins. Auf jeden Fall gibt es kein Draußen unabhängig von dem, was Drinnen, im Menschen, abläuft. Carl Friedrich von Weizsäcker ist sogar überzeugt:

60

»Nichts steht von der Naturwissenschaft her im Wege, zu glauben, dass auch das menschliche Bewusstsein Teil eines größeren Ganzen ist, das sich dem Teil nur in Bildern, in Gleichnissen zeigt. Wenn man den Leib-Seele-Dualismus aufgibt und den Holismus ernst nimmt, darf man der gesamten Wirklichkeit eine Möglichkeitsform des Bewusstseins zusprechen.« Jörg Zink konkretisiert dies ins Spirituelle hinein: »Geist und Materie sind sich gegenseitig einfaltende Projektionen einer größeren Wirklichkeit, die weder Materie noch Geist ist. Es ist ein kosmisches Bewusstsein, das in alle Dinge hineinreicht.« Der individuelle Mensch ist einerseits Teil dieses Bewusstseins, leiblich eingebunden in sein beschränktes »Ich«, andererseits kann er sich auch als das Ganze selbst erfahren. In jedem Teil ist das Ganze komplett enthalten: Holismus. Dieser Begriff ist von dem griechischen Wort »Holon«, das Ganze, abgeleitet. Die Mystik der Einheitserfahrung kennt das schon lange. Aber die moderne transpersonale Psychologie kann es darüber hinaus experimentell bestätigen.

Das geschieht in methodisch herbeigeführten »außerordentlichen Bewusstseinszuständen«. Heute braucht man dazu auch kein LSD mehr. Besondere Atemtechniken können dasselbe bewirken. In solchen Experimenten, durchgeführt und begleitet von geschulten Fachleuten und auf Video aufgezeichnet, ereignet sich Erstaunliches: Die Probanden machen Erfahrungen, die unser gewohntes Weltbild vollkommen außer Kraft setzten. Sie geraten in einen Zustand, in dem Gegenwart, Vergangenheit und Zukunft gleichzeitig existieren. »Diese Erlebnisse«, schreibt Grof, »legen nahe, dass jeder von uns in einer noch nicht geklärten Weise Informationen über das ganze Universum oder die Gesamtheit der Existenz besitzt und in gewissem Sinn das gesamte kosmische Netzwerk selbst ist – wie er auch gleichzeitig nur einen unendlich kleinen Teil dieses Kosmos, ein isoliertes und unbedeutendes biologisches Wesen darstellt.« Die perinatalen Matrizen, die Grof typisiert hat, werden dabei ungefiltert und höchst intensiv neu durchlebt. Sie sind gewissermaßen das Katapult, das eine plötzliche und unfassliche Öffnung ins Universelle bewirkt.

Ich werde dies in einem Abschnitt über die Esoterik noch ausführlicher darstellen. An dieser Stelle möchte ich zur Veranschaulichung des Vorangegangenen einen Artikel wiedergeben, den ich in der Pfingst-Ausgabe 10/1998 von *Publik-Forum* veröffentlicht habe. Noch heute würde ich ihn nicht anders schreiben. Es geht in dem Beitrag besonders um ein Sprachphänomen, das mich schon seit langem fasziniert. Ich hänge die Ausführungen dazu auf an dem biblischen Sprachwunder des Pfingstgeschehens. Titel: »Hat der Heilige Geist ein Sprachlabor?« Der Artikel hat mir damals den Vorwurf eingetragen, esoterischen Unsinn in den christlichen Glauben eintragen zu wollen. Ich sehe das heute noch anders, so wie damals eben:

»Eine der sonderlichsten Begebenheiten im Neuen Testament ist das Sprachwunder, das das christliche Pfingstfest begründet. Sehr plastisch steht das da, im zweiten Kapitel der Apostelgeschichte: Die Männer und Frauen der jüdischen Jesus-Sekte sitzen mit Petrus zusammen bei einem vormittäglichen Mahl in einer offenen Halle. Sie bereden, was nun werden soll, wo der Auferstandene endgültig nicht mehr unter ihnen weilt. Plötzlich: ein Brausen vom Himmel. Die Jesus-Leute geraten in Ekstase. Und – ein jeder und eine jede beginnt in einer fremden Sprache zu reden. Passanten, die neugierig stehen bleiben, identifizieren in dem wilden Gerede lebendige Sprachen entfernter Völker. Unter diesen Passanten sind mancherlei Juden aus der Diaspora, die von weit her zu einem Fest nach Jerusalem gekommen waren. Sie staunen: Diese einfachen Menschen aus dem hinterwäldlerischen Galiläa, die Anhänger des gekreuzigten Jesus, haben doch alle nur ihre aramäische Muttersprache gelernt. Viele der Umstehenden können nicht glauben, was da geschieht. Ihr Urteil: Die Anhänger Jesu sind schon am Vormittag betrunken.

Wir Heutigen müssen die Geschichte vom Sprachwunder zu Pfingsten nicht wörtlich für wahr halten. Die Symbolik des Textes liegt auf der Hand: Menschen, die sich von dem Gott Jesu begeistern lassen, so sagt es Eugen Drewermann, ›können die babylonische Sprachzertrümmerung rückgängig machen und von ihrem Ursprung her neu gestalten. Sie sind getauft mit dem heiligen, alle Völker verbindenden Geist«. – Eine tolle Sache. Nur: Geschichtlich ist davon bis heute noch nicht viel zu spüren. Deutlich wurde das zum Beispiel kürzlich in Brüssel: Zwar haben wir demnächst den Völker verbindenden Euro, aber die währungspolitischen Grundsätze dafür müssen noch immer in ein Dutzend verschiedene Sprachen übersetzt werden. Höchst verwunderlich, wenn da Missverständnisse ausbleiben sollten.

Die Sache mit Pfingsten hat denn auch einen Haken. An ihm verknoten sich das wörtlich Wundersame und das symbolische Verständnis des Textes. An ihm hängt aber auch das Problem der ausgetrockneten Spiritualität unserer westlichen Zivilisation. Um dies zu verdeutlichen, ein abrupter Szenenwechsel:

Ein moderner Psychiater hat eine Patientin in Hypnose versetzt. Er will an die Wurzel eines bizarren psychosomatischen Leidens der jungen Frau herankommen. Das Tonband läuft. In ihrem hypnotisierten Zustand schildert ihm die Sportlehrerin Begebenheiten aus einem früheren Leben im alten Ägypten. Der Psychiater hält für möglich, dass es Reinkarnation, Wiedergeburt, gibt. Die Schilderungen der Frau nähern sich einem dramatischen Ereignis, und plötzlich redet sie in einer dem Psychiater unverständlichen Sprache. Die spätere Analyse des Bandmitschnitts ergibt zweifelsfrei: Die Frau hatte in einer altägyptischen Mundart gesprochen, wie sie vermutlich zur Zeit der 18. Dynastie lebendig war. Die Sportlehrerin hatte sich nie mit Hieroglyphen oder altägyptischer Geschichte beschäftigt. Im hypnosefreien Zustand waren ihr nur vage Allerweltskenntnisse von Pyramiden und Pharaonen gegenwärtig.

Unsinn, Lüge, Betrug, Selbsttäuschung oder plötzliche Rückkehr von Inhalten längst vergessener Bücher oder Fernsehberichte? Solche Urteile sind rasch gefällt. Aber der Münchner Psychologe und Esoteriker Thorwald Dethlefsen, der dieses Sprachwunder schon in den siebziger Jahren in einem seiner Bücher mitteilte,[44] ist bei Weitem nicht der einzige Autor mit derart sonderlichen Berichten. So erklärt zum Beispiel der wohl namhafteste Reinkarnationsforscher unserer Zeit, der Professor für Psychiatrie an der Universität Virginia, Ian Stevenson: ›Ich habe selbst mehrere Fälle dieser Art untersucht, in denen Versuchspersonen eine fremde Sprache sprachen, die sie ganz offenkundig auf normalem Wege nicht gelernt haben konnten.‹[45] Das erstaunlichste Beispiel findet sich in einer Sammlung von 600 Fallstudien des schwedischen Internisten John Björkhem (1910 bis 1963): Ein Mann namens Mirabelli, der nie Fremdsprachen gelernt hat, schreibt unter Hypnose in 25 verschiedenen Sprachen und Dialekten. Auch der Drogenforscher und Mitbegründer der transpersonalen Psychologie, Stanislav Grof, bekennt: ›Ich habe Menschen in diesem (Trance-) Zustand gesehen, die in einer ihnen unbekannten Sprache redeten.‹ Und der große Mircea Eliade, Religionswissenschaftler und Hobbyliterat, hat in seinem kleinen Roman ›Der Hundertjährige‹[46] ein dramatisches Sprachwunder geschildert, dem eine wahre Begebenheit zugrunde liegen soll. Es geht um eine Englischlehrerin in Zürich, die nach einem Blitzschlag perfekt die altindische Gelehrtensprache Sanskrit spricht, die sie nie gelernt hatte.

Hat der Heilige Geist ein Sprachlabor? Wenngleich die meisten Zeitgenossen solchen Berichten gegenüber höchst skeptisch sind, das Fachwort dafür gibt es seit langem: Xenoglossie. Von ihr berichtet streng wörtlich auch die Pfingstgeschichte, wobei Lukas unter die wundersam erklingenden Fremdsprachen auch solche mischt, die zu längst vergangenen Kulturen wie denen der Parther und Meder gehörten.

Im ›hypnotischen Labor‹ des Heiligen Geistes geht es aber nicht nur um wundersame Fremdsprachenkenntnisse. Als die ersten Psychologen und Psychiater in den 1960er-Jahren begannen, die nur bedingt erfolgreiche Sprechtherapie nach der Psychoanalyse Sigmund Freuds zurückzudrängen und neue erfahrungsorientierte Therapieformen zu entwickeln, staunten sie nicht schlecht, was alles aus der Psyche des Individuums an die Oberfläche des Bewusstseins dringen kann. Ebenso erstaunlich waren die Heilungserfolge, die sich bei so-

64

genannten Rückführungen unter Hypnose, bei klinisch kontrollierten Einnahmen von Psychodrogen, aber auch bei weniger aggressiven Techniken zur Erzeugung von außergewöhnlichen Bewusstseinszuständen einstellten. Wenn emotional stark geladene Inhalte aus dem Unbewussten an die Oberfläche kommen dürfen, voll erfahren und derart ins Bewusstsein aufgenommen werden, so erkannten die Therapeuten, verlieren sie die Macht, den Menschen negativ zu beeinflussen.

Was sind das für Inhalte? Schon die Forschungen des Schweizer Freud-Schülers Carl Gustav Jung vor dem Krieg haben zu Einsichten geführt, die so erstaunlich und revolutionär sind, dass sie unser materiell geprägtes Weltbild längst verändert haben müssten. Jung kam, über Freud hinausgreifend, zu dem Schluss: Das Unbewusste des Menschen ist nicht auf Inhalte begrenzt, die sich aus der persönlichen Geschichte ableiten. Zusätzlich zu dem individuellen Unbewussten gibt es auch ein ›kollektives Unbewusstes‹, das die Erinnerungen und das kulturelle Erbe der ganzen Menschheit enthält. Indem er Träume von Patienten wie auch die Symptome psychotisch erkrankter Menschen analysierte, stieß Jung häufig auf ungewöhnliche mythologische Motive. Diese kamen selbst bei Kindern und ganz ungebildeten Personen vor. Epochemachend wurden dann seine Einsichten, dass es in diesem Wirrwarr wildester mythologischer Geschichten universale Muster gibt. Der Forscher nannte sie Archetypen. Erfahrungen, die die archetypischen Dimensionen der Psyche öffnen, werden nach seinen Beobachtungen als heilig erlebt. Wer die Autobiografie Jungs unter dem Titel ›Erinnerungen, Träume, Gedanken‹ auf sich wirken lässt, kann wohl glauben, der Autor schaue dem Heiligen Geist in dessen Labor über die Schulter.

Heute haben Psychologen und Seelenforscher mit neuen Selbsterfahrungstechniken die Einsichten Jungs nicht nur bestätigt, sondern grandios vertieft. Im Prinzip scheint danach jeder Mensch Zugang zu mythologischen Themen aller Zeiten und Kulturen zu haben. So beschreibt der Psychiater Stanislav Grof Ergebnisse der von ihm entwickelten Technik des ›Holotropen Atmens‹: ›In vielen Fällen haben einschlägig nicht vorgebildete Personen komplizierte Geschehnisse und sogar bildliche Szenen aus Mythen Zentral- und Südamerikas, Polynesiens, Mesopotamiens, Indiens, Ägyptens, Japans und anderer Länder, die sie definitiv nicht kannten, in allen Einzelheiten beschrieben.‹

Aber die Inhalte bleiben nicht auf Mythologien beschränkt. Menschen in außerordentlichen Bewusstseinszuständen schildern immer wieder Sequenzen aus dem Leben von Vorfahren, aus anderen Kulturen und früheren Leben, bei denen häufig genaue Details über Kleidung, Waffen, Gerätschaften, Rituale, Architektur und soziale Strukturen der jeweiligen historischen Zeit benannt werden. Vieles konnte später von Fachleuten der entsprechenden Wissensgebiete verifiziert und bestätigt werden.

Es kann einem Leser wohl schlicht die Sprache verschlagen, wenn er sich ohne sonderliche Vorkenntnisse durch die Bücher Stanislav Grofs hindurcharbeitet. Dieser anerkannte Pionier der Erforschung außerordentlicher Bewusstseinszustände informiert in seinem Werk ›Geburt, Tod und Transzendenz‹ am umfassendsten über die neuen Dimensionen der Psychologie. Er setzt dabei seine eigenen Forschungsergebnisse in Beziehung zu den Erkenntnissen der modernen Quantenphysik, der Relativitätstheorie, der Gehirnforschung, der Evolutionstheorie, der Feldtheorie des Biologen Rupert Sheldrake,[47] der Todesforschung, aber auch der Parapsychologie und nicht zuletzt der Mystik, die der Autor in allen Religionen der Erde blühen sieht.

Die Übereinstimmung zwischen moderner Physik, Bewusstseinsforschung und Mystik ist dabei wohl die überraschendste Komponente. Sie wird auch von dem späten Jörg Zink, von Hoimar von Ditfurth und anderen Autoren angesprochen. Sie wird sichtbar, wenn beispielsweise der deutsche Dominikaner-Gelehrte Meister Eckhart schon vor gut 700 Jahren bei einer Predigt in Köln feststellte: ›Im Innersten der Seele sind dir alle Dinge gegenwärtig. Was am ersten und am Jüngsten Tag geschieht, ebenso was jenseits des Meeres liegt, das ist dort gegenwärtig. Weshalb merkst du nichts davon? Weil du dort nicht daheim bist.‹ Oder: Jakob Böhme, der Mystiker und ungebildete Schuhmacher aus Schlesien: ›Meine Seele durchschaute mit einem Mal alles und mit allen Geschöpfen, selbst Kraut und Gras, sie erkannte Gott, wer er ist.‹ Hinter solchen Worten stehen eindeutig meditative und ekstatische Erfahrungen, die den mit modernen Techniken herbeigeführten außerordentlichen Bewusstseinszuständen gleichen.

In solchen Zuständen sind die meisten Menschen tatsächlich selten oder nie daheim. Deswegen hat die Spiritualität heute keinen Nährboden mehr, die Theologie verkopft, die Verkündigung vertrocknet. Die materielle und rationalistische Weltsicht, die unsere von Descartes und Newton geprägte westliche Wissenschaft kennzeichnet, ist in ihrer strengen Form mit Spiritualität weithin inkompatibel. Carl Friedrich von Weizsäcker benennt die Lücke: ›Die gedankliche Aufklärung hat der Menschheit die größte intellektuelle Bereicherung ihrer bisherigen Geschichte gebracht. Nichts kann heute gedanklich ernst genommen werden, das sich der Kritik aufgeklärten Denkens entzieht. Aber was sich den Ja-Nein-Entscheidungen heutiger Wissenschaft bisher nicht gefügt hat, versinkt in das Dunkel des Nichtwissens. Wie lernen wir wahrzunehmen, was uns dadurch entgeht?‹«

Metaphysik der Erfahrung

Soweit der Artikel von 1998. Ich bin sicher, viele werden das alles für ziemlich spinnert halten. So seinerzeit zum Beispiel Mitglieder im Vorstand der *Leserinitiative Publik*, meinem Arbeitgeber bei *Publik-Forum*. So zum Beispiel Eugen Drewermann. In seinem Bestreben, Metaphysik und Seinslehre aus der Theologie herauszuhalten, beurteilt er transpersonale Behauptungen als unzulässige »Psychologisierung der Physik«. In dem wuchtigen Buch »Und es geschah – Die Kosmologie und die Frage nach Gott« klagt er, schon C. G. Jung habe »auf geradezu klassische Weise den Tatbestand der Esoterik« erfüllt, »den

67

wir als Beschreibung psychischer Sachverhalte durch den (fälsch-
lichen) Gebrauch naturwissenschaftlicher Begriffe wie Energie, Feld,
Strahlung charakterisieren können. Die subjektive und die objektive
Seite der Wirklichkeit werden auf diese Weise in Jungs Konzept nicht
miteinander verflochten, sondern miteinander vermischt, ja, in be-
stimmtem Umfang gegeneinander ausgetauscht«.

Das aber ist genau der Punkt. Transpersonale Psychologie und
ebenso die Mystik der Einheitserfahrung behaupten eben gerade: Es
gibt keine objektive Seite der Wirklichkeit. Von daher sind dann auch
Phänomene wie Hellsehen, Außerkörperlichkeit oder Kenntnis nicht
erlernter Sprachen kein wundersames Durchbrechen von Naturge-
setzen durch den Schöpfergott. Dies unterstellt die klassische Metaphysik mit ihrem Glauben an ein Lenken des Weltgeschehens durch
einen ständig »widernatürlich« eingreifenden Gott. Und das ist nun
wirklich naturwissenschaftlich erledigt. Es kann heute tatsächlich
nur zu dem grassierenden Atheismus aus Enttäuschung führen, den
Drewermann beklagt. Gründlicher, als er es in den sieben Bänden von
»Glauben in Freiheit« geleistet hat, kann man der traditionellen systematischen Theologie nicht vor Augen führen, wie unhaltbar sie von
naturwissenschaftlichen Einsichten her geworden ist. Metaphysik,
eine Wirklichkeit also, die über die natürliche Beschaffenheit der Welt
hinausreichen soll, als Gottes Jenseits oder so, ist für uns nicht erkennbar. Etwas, das die Natur (physis) übersteigt, lateinisch transzendiert, ist allenfalls spekulativ zu glauben. Transpersonale Psychologie
und Mystik behaupten allerdings: In der natürlichen Beschaffenheit
der Welt selbst ist eine Wirklichkeit verborgen, die nicht einfach zu
glauben wäre, die vielmehr der Erfahrung zugänglich ist. Sie ist also
nicht »meta«, drüber. Sie ist »entos«, drinnen, lateinisch immanens.
Man könnte sie »Endo-Physik« nennen, als Gegensatz zur Meta-Phy-
sik. Das Jenseits ist damit dem Diesseits nicht über- oder nebengeord-
net, das Jenseits ist vielmehr mittendrin im Diesseits. Beide sind ineinander da. Aber auch dieses ist naturwissenschaftlich nicht erkennbar. Es ist mit Vernunft und Verstand nicht zu begreifen, ist allenfalls

in der Quantenphysik erahnbar. Aber es ist der Erfahrung zugänglich. Dies kann in der Kontemplation geschehen, in Nahtod-Erlebnissen, in spontanen Außerkörperlichkeitserfahrungen. Gott schickt also keine wundersamen Sprachkenntnisse von außen. Das Bewusstsein findet vielmehr Zugang zu ihm als dem, der alles ist und umfasst, also auch die Sprachen, die es gab und gibt: »Im Innersten der Seele sind dir alle Dinge gegenwärtig«, sagt Meister Eckhart.

»Blanker Aberglaube«, hält Drewermann dagegen, der sich seit vielen Jahren mit Neurologie beschäftigt und die beiden letzten Bände von «Glauben in Freiheit« darüber geschrieben hat. »Nachdem es unmöglich geworden ist, Gott als die Ursache bestimmter Naturphänomene in Anspruch zu nehmen«, so urteilt er, »hat sich der letzte Rückzugsraum dieser Art von Naturtheologie heute in den Kopf des Menschen hineinverlagert.« Je mehr man aber von der Arbeitsweise des Gehirns zu begreifen beginne, desto klarer könne man drogeninduzierte Ekstasen oder meditativ herbeigeführten »Ich-Verlust« auf neuronale Abläufe zurückführen. Inzwischen wisse man, dass eine intensive Meditation neuronal »mit einer Aufhebung der Abgrenzung des Körper-Ichs einhergeht, ein Einheitsgefühl, das das Gehirn sich selbst erzeugt. Desgleichen scheinen die ›Nahtod-Erfahrungen‹ neurologisch gut erklärbar. Der Tunneleffekt und die Lichterfahrung, von denen immer wieder Menschen glaubhaft berichten, können darauf zurückgehen, dass die … Sehrinde im Okzipital-Lappen für einen Augenblick nicht mit genügend Sauerstoff versorgt werden.«

Diese Argumentation moderner Neurologen kann aber in einem einzigen Moment hinfällig werden. Gelingt beispielsweise der Nachweis, etwas habe sich tatsächlich so verhalten, wie es ein Nahtod-Erfahrender später schildert, schon schauen solche Neurologen alt aus. »Ich habe als narkotisierter Herzpatient auf dem Operationstisch liegend von der Zimmerdecke aus gesehen, wie ein Arzt in meiner offenen Brust hantierte. Ich bemerkte dabei, wie einer Assistentin ein Skalpell aus der Hand fiel und dass einer der Ärzte einen dicken Blutfleck auf dem linken Schuh hatte.« Solche und ähnliche Aussagen von Patienten sind heute hundertfach bestätigt und verifiziert worden. Damit sind Neurologen der Anmaßung überführt, für die ein Bewusstsein ohne Gehirnaktivitäten generell unmöglich ist. Aber der medizinische Grundsatz, dass das Bewusstsein ausschließlich ein Produkt des Gehirns ist, steht in unserem Weltbild heute entschieden zur Debatte.

Mystik ist ein Perspektivwandel im Verständnis von Wirklichkeit. So, wie ich erfahre, was ich Gott nenne, habe ich keine Probleme damit, mich in einem Weltbild zu tummeln, dessen Wirklichkeitsverständnis vom traditionellen naturwissenschaftlichen Denken her absurd ist. Ich kann mich leidenschaftlich auf transpersonale Erfahrungen und Theorien einlassen. Und wenn auch mir »im Innersten der Seele alle Dinge gegenwärtig« sein sollten, so habe ich weiß Gott keinen Zugang zu allem. Aber der Kern des Ganzen hat sich mir geöffnet. Das Zentrum »aller Dinge« erfahre ich als Liebe, als grundgütige Basis des Seins, als Gott. Das ist in den meisten Spielarten der Mystik auch immer schon so erfahren worden. Als letzter Grund der Wirklichkeit wird nicht Macht offenbar, sondern Liebe. Sie hält alles zusammen. Und von dieser Liebe kann Eugen Drewermann nun wieder in einer Fülle und Intensität sprechen, die die Augen öffnet für das einzig Wichtige im Leben und die dabei auch noch seelsorgerliche Zauberkräfte entfaltet.

Eine neue Epoche zieht herauf

In einer zweiten Achsenzeit?

Das alte Weltbild trägt nicht mehr, es liegt in Trümmern. Das neue ist noch nicht da, steht erst am Horizont. Wir leben heute im Vakuum eines tiefgreifenden Epochenwechsels. Manche Beobachter vermuten, wir stünden mitten in einer neuen »Achsenzeit«. Dieser von dem Philosophen Karl Jaspers in den 1950er-Jahren geprägte Begriff bezieht sich auf die Zeitspanne von 800 bis 200 vor Christus. In diesen Jahrhunderten gab es, so Jaspers, in fünf großen Kulturräumen von China bis Griechenland eine umfassende geistige Neuorientierung des Menschen. Es wurden damals gleichzeitig und unabhängig voneinander die philosophischen, religiösen und technologischen Fortschritte gemacht, die zum Teil noch heute Grundlage aller Zivilisation sind. Markant war vor allem der Übergang von der Stammes- und Volksreligion zur Universalreligion. Jaspers verweist hierzu auf die zeitliche Nähe von Geistesgrößen wie Laotse und Konfuzius in China, Buddha in Indien, dem Religionsstifter Zarathustra in Persien, den großen biblischen Propheten in Israel sowie den Philosophen Sokrates, Platon und Aristoteles in Griechenland.

Heute scheint sich etwas Ähnliches abzuspielen wie in jener ersten Achsenzeit. Nur geht es dabei ungleich rasanter zu. Was einst Jahrhunderte brauchte, um voll zur Geltung zu kommen, das geschieht heute in wenigen Jahrzehnten. Ein Beispiel unter vielen: Das weltweite Computer-Verbund-System »WWW«, das Web, ist im Jahr 2007 noch keine zwanzig Jahre alt. Aus der gesamten Wirtschaft wie aus dem Leben der jetzt 20- bis 40-jährigen ist es aber schon nicht mehr wegzudenken, weder beruflich noch privat. Und das fast weltweit. Diese Art von Informationsbeschaffung und blitzschneller Kommunikation wird auf absehbare Zeit das gedruckte Wort verdrängen. Das Web wird unsere Art des Denkens und Lernens tiefgreifend verändern, vermutlich eher ins Intuitive, also in die rechte Hirnhälfte hinein. Wir älteren Zeitgenossen, die wir uns oft von unseren Kindern die elementarsten Zugänge zu Laptop und Internet zeigen lassen mussten, wir können das wohl noch registrieren. Mir jedenfalls ist es klar geworden an der Art, wie mein Sohn mit seinem Notebook umgeht. Er lebt mit dem Ding, so wie andere mit Büchern leben. Er holt sich in kürzester Zeit alles, was er im Moment gerade an Informationen braucht, auf den Schirm, in deutsch, englisch oder spanisch. Oft findet er, was er sucht, nach der Methode »Versuch und Irrtum«, spielerisch, intuitiv, flink und letztlich effizient. Meine Tochter telefoniert von ihrem Wohnort Melbourne aus per Internet und Webkamera in unser Wohnzimmer in Deutschland, glasklar in Wort und Bild, nur mit acht Stunden Differenz zu unserer Tageszeit. Was wir an Hard- und Software für dieses »Skypen« brauchen, hat sie uns besorgt.

Im Surfen und Chatten der weltweiten Web-Community scheint sich das uralte Kommunikationsmodell von Sender, Botschaft und Empfänger überhaupt aufzulösen. Die großen institutionalisierten Religionen werden daran noch schwer zu knacken haben. »Wir haben die Botschaft und ihr sollt sie empfangen«: Dieses pädagogische Schema ist vorbei. Auch wenn das neue noch nicht in genügender Deutlichkeit zu erkennen ist.

Globale Identitätskrise

Aber so geht es in einer sich zunehmend globalisierenden Menschheit heute in vielen weiteren Alltagswirklichkeiten. Eine wirtschaftliche, soziale und kulturelle Modernisierung und Verwestlichung hat die ganze Welt erfasst. Sie führt dazu, dass fast nichts mehr ist, wie es einmal war. Und das in einem Umfang und in einer Geschwindigkeit, die früheren Generationen gänzlich fremd waren. Uralte regionale Sitten, Gewohnheiten, Denkweisen, Überzeugungen und Wirtschaftsweisen werden global innerhalb einer Generation ausgehebelt. Millionen Menschen rund um den Erdball sind kulturell entwurzelt, verunsichert, desorientiert, wissen nicht mehr, wo oben und wo unten ist, kein Ort nirgends. Viele Menschen sind religiös obdachlos geworden und wissen nicht mehr, was in ihrem Leben wirklich wichtig ist. Die meisten betäuben den Sinnverlust durch oberflächliche Ablenkungen: Konsum und Medien. Kommen Freundschaften, Partnerschaften und ein halbwegs sicheres Arbeitsverhältnis hinzu, lässt es sich erst mal ganz gut leben. Andere, die das nicht haben, müssen schwer um ihre Existenz kämpfen und haben von daher kaum Gelegenheit, sich mit Sinnfragen abzugeben. Wir sind mittendrin in einer globalen Identitätskrise.

Die alten religiösen Sinnstiftungssysteme können sich in diesen Umwälzungen nur schwer behaupten. Alle Religionen sind von Haus aus konservativ. Ihr wichtigstes Bestreben ist das Bewahren uralter Traditionen. In einer Zeit aber, in der in rasendem Tempo nichts bleibt, wie es ist, können sie den Menschen oft nur noch religiöse Konserven liefern. Modernisierungen werden als Anpassungen an den Zeitgeist, als »Aggiornamento«, gefürchtet. Das überlässt man Außenseitern, die entsprechend geächtet werden. Im Christentum führt das dazu, dass sich die Leute abwenden und ihre spirituelle Nahrung woanders suchen. Im Islam führt das zu ständig verletztem Stolz, verkrampfter Wortgläubigkeit und tendenzieller Repression. Die fernöstlichen Religionen kommen, scheint es, mit der Lage noch am besten klar, obwohl auch in ihren Kulturkreisen säkulares Denken rasant zunimmt.

Verfallen ist aber auch, was lange Zeit noch im weltlichen Bereich Sinn und Orientierung schenken konnte. Der Sozialismus hat sich weltweit desavouiert. Noch zu meiner Studentenzeit, Mitte der 1960er-Jahre, war er das Hoffnungsthema einer ganzen Generation. Ernst Bloch, »Prophet mit Marx- und Engelszungen« (Walser), war unser Guru. Ho Tschi Minh, Fidel Castro, Ota Šik und Ivan Illich nicht minder. Heute ist das alles wie weggeblasen. Gezeigt haben sich Unterdrückung, Ohnmacht und Versagen, von Lenin bis Chruschtschow über Honecker bis selbst noch zu Gorbatschow, der das System wider Willen gekippt hat. Nichts ist gewesen, außer Blut, Schweiß, Tränen und ständigem Mangel. Sozialismus kommt als sinnvolle Gesellschaftsordnung nicht mehr in Frage.

Bleibt der Nationalismus. Er steht in Ländern wie Polen, Türkei oder Malaysia beispielsweise in voller Blüte, zumeist repressiv, ideologisch und wirtschaftlich in Gefahr, im Interessenspiel multinationaler Konzerne ins Abseits gedrängt zu werden. Nachhaltige Identität kann er dem einzelnen Staatangehörigen nicht mehr bieten. In weiten Teilen der Erde hat er außerdem gegenüber den noch älteren Stammesstrukturen keine Chance. Und Länder wie Deutschland, die den Nationalismus bis zum Exzess getrieben haben, wissen es heute wohl endgültig: Die eigene Nation in den Mittelpunkt des Lebens stellen zu wollen ist gefährlich, dumm und beschränkt. Identität kann es schon gar nicht schenken. Mentale Heimat – vielleicht.

Aber da ist ja noch der unverwüstliche Kapitalismus. Für jene, die ihn erfolgreich betreiben, die seine Nutznießer sind, hat er fast religiöse Züge angenommen. Die Möglichkeiten, die er bietet, die Waren und Dienstleistungen, die er in stets wachsender Effizienz hervorbringt, haben auch einen verführerischen Charakter. »Warenfetischismus« haben wir das als junge Sozialisten genannt. Heute sind auch wir in unseren Haushalten umgeben von Dingen, die fast alle in den letzten zwanzig Jahren hergestellt wurden. Kapitalismus ist aber nicht nur effizient. Kann er seinen Mechanismen ungesteuert folgen, erzeugt er zwangsläufig eine ungerechte Verteilung der Güter. Das Maß dafür hat schon vor über hundert Jahren der italienische Ökonom Vilfredo Pareto herausgefunden. Es ist seither immer wieder beobachtet worden: Achtzig Prozent aller Güter, Dienstleistungen, Aufträge und Erfolge sammeln sich in den Händen von 20 Prozent der Marktteilnehmer: das Pareto-Prinzip. So wächst die Ohnmacht der Mehrheit. Und so steigert der reine Kapitalismus noch die drei ungelösten Probleme, die bislang jede Zivilisation elementar bedroht haben: Krieg, Armut und Umweltzerstörung. Die tiefgreifende Orientierungslosigkeit der sich globalisierenden Menschheit kann er schon gar nicht beenden.

Doch wir müssen noch weiter ausholen. Denn schließlich haben auch die großen Religionen diese drei stets gegenwärtigen Gefährdungen der Menschheit nicht in den Griff gekriegt. Weder der Hinduismus noch der Buddhismus oder die jüdische Religion, weder das Christentum noch der Islam. Sie alle haben das Töten und die Armut immerhin im Prinzip verurteilt und angeprangert, obwohl sie immer wieder selbst heftig in Kriege, Pogrome und Ungerechtigkeiten verstrickt waren. Genützt hat es bis heute nichts. Von wegen: »Friede, Gerechtigkeit und Bewahrung der Schöpfung«. Diese griffige Parole des »Konziliaren Prozesses der Kirchen« – kann sie je verwirklicht werden?

Ebenso nüchtern muss man aber feststellen: Auch die Aufklärung und in ihrem Gefolge Humanismus, Existenzialismus oder Marxismus haben vor der Aufgabe versagt, die Weltgemeinschaft friedlich, gerecht und umweltschonend zu gestalten. Die Menschheit lebt heute mehrheitlich im Elend und ist so friedlos wie ratlos. Ja, wir können jederzeit in den Abgrund unserer globalen Selbstvernichtung stürzen. Und Gott würde uns nicht daran hindern, so gewiss, wie er es in Auschwitz und Hieroshima nicht getan hat.

... wächst das Rettende auch

Allerdings: »Wo die Gefahr am größten, wächst das Rettende auch« (Hölderlin). Vielerorts auf der Erde mehrt sich die Einsicht, dass wir eine neue Stufe des Bewusstseins erklimmen müssen, ja dass wir schon im Begriff sind, dies zu tun. Wir sind dabei, uns von uralten Gewissheiten über die Beschaffenheit der Welt und ihres möglichen Schöpfers zu lösen. Diese Gewissheiten sind in der Postmoderne geplatzt wie Seifenblasen. In der radikalen Offenheit unseres Nichtwissens und Ahnens tasten sich manche heute vor in eine ebenso offene Spiritualität. Sie kreist um die Erfahrung des Verbundenseins mit allem, des Angenommenseins, der Bejahung und Liebe als den entscheidenden Über-Lebensmitteln jedes einzelnen Menschenwesens und damit der Weltgemeinschaft im Ganzen. Diese Spiritualität ist einfacher als das religiöse Wissen, das alle Religionen glauben über Gott angehäuft zu haben. Aber sie ist elementarer. Auch da noch, wo sie das Paradoxe unserer Conditio humaine nicht auflösen kann. Und sie wirkt. Denn sie setzt auf Erfahrung göttlicher Liebe statt auf Logos von Gott, auf Theo-Logie. Der Sänger Konstantin Wecker hat es einmal so ausgedrückt: »Ich denke«, schreibt er, »dass es keine neue Politik ohne neue Spiritualität geben kann, das ist nicht möglich. Wir werden keine menschenwürdige Politik machen können, wenn sie nicht von einer starken Spiritualität durchtränkt ist. Das Weltgeschehen braucht Spiritualität, weil es sonst gar keinen Grund für die Existenz des Menschen gäbe. Was mir Halt gibt, weiterleben zu wollen, ist diese Anbindung an etwas, das ich nicht beschreiben kann, das nicht mit dem Verstand zu erfassen ist, diesen Bereich des Göttlichen, den ich erfahren habe. Die Mystik ist die Form von Spiritualität, die dem am nächsten kommt.«

Das große Paradox

In einem »Gebet zwischen Empörung und Ergebung« habe ich einmal versucht, Politik und mystische Spiritualität aufeinander zu beziehen:

Denk ich ans »Magnifikat«, werde ich irre an dir, mein Gott. Du »stürzt die Mächtigen vom Thron«, steht da, »und erhöhst die Niedrigen. Die Hungernden beschenkst du mit deinen Gaben und lässt die Reichen leer ausgehen«.[48] Wie kann man so etwas von dir behaupten? Im Indikativ? Das tust du doch gar nicht. Welchem mächtigen Menschenschinder, Kriegstreiber oder Massenmörder hättest du je Einhalt geboten? Welchen Schergen wärest du je in den Arm gefallen? Welchem Mörder, Ausbeuter, Kinderschänder oder Vergewaltiger? Millionen Menschen haben immer wieder ihre Hände gefaltet, dass du es tun mögest. Aber du gehst durch alles mörderische Treiben hindurch, auch in Auschwitz. Du siehst es und tust nichts. Auch Pilatus hast du schließlich gewähren lassen.

Und die Hungernden? Am Ende verrecken sie einfach. Von wegen: Du beschenkst sie mit reichen Gaben. Jede Minute sterben auf dieser Erde kleine Kinder, nur weil sie keine Krume zu essen haben. Und du siehst zu. Ein paar Millionen Reiche und Superreiche prägen schuldhaft unsere Strukturen der Ausbeutung von Mensch und Natur. Ihr Sicherheitsdenken beherrscht die Welt. Wer auf mitmenschliches Vertrauen und Machtverzicht setzt, hat keine Chance. »Die Erde ist in Frevlerhand gegeben«, klagt dein Hiob, »das Gesicht ihrer Richter deckt Gott zu.« Ist es nicht so? Die Reichen entscheiden über Geld-

und Warenströme, über Krieg und Frieden, Leben und Tod aller übrigen Erdenbürger. Du aber lässt sie leer ausgehen? Wieso denn werden sie immer reicher und mächtiger?

Oder willst du mir sagen, das Magnifikat sei auf Zukunft hin gesprochen? Es tritt in Kraft, wenn dein Reich in Fülle endlich gekommen ist. Dann werden die Mächtigen vom Thron gestürzt, die Hungrigen satt, und die Reichen fallen ins Leere. Das ist starker Tobak. Es beschwichtigt die Leidenden im Wartesaal des Elends. Das haben uns die Pfaffen dieser Erde lange genug gepredigt. Es hilft am Ende nur den Mächtigen und den Reichen. Und überhaupt: Wie reimt sich das zusammen mit der bedingungslosen Liebe zu jedem Menschen, die ich von Jesus her nicht anders kann als auf dich zu projizieren? Zentrum seines Evangeliums – trotz Matthäus.

Ich weiß natürlich, was jetzt kommt: Wir sollen sie selbst herbeischaffen, die Gerechtigkeit unter uns Menschen. Die Freiheit dazu habest du uns schließlich geschenkt. Und das Vermögen, zu wissen, was gut sei und was böse, hätten wir uns selbst beschafft. Du hast keine anderen Hände als unsere, sagst du. Dazu: Die Armen und Leidenden seien die einzige Autorität auf Erden, der wir zu gehorchen hätten. Auch Jesus habe sich immer wieder den Armen zugewandt. Heute, zum Beispiel, in unserem reichen Deutschland, sind das, sagst du, Sozialhilfeempfänger, Wohnsitzlose, Asylbewerber, Illegale, Jugendliche ohne Lehrstelle, Gefangene, Arbeitslose, seelisch kranke und behinderte Menschen. Ihnen habe unsere ganze Fürsorge zu gelten. Nur so werde dein Reich kommen. Überhaupt nur, indem wir ihm tatkräftig zuarbeiten.

Mein Gott, kannst du wirklich so blauäugig sein? Du kennst uns doch. Wann hätten wir je so etwas wie Gerechtigkeit unter uns verwirklicht? Nirgends in der bisherigen Geschichte ist das gelungen. Ansatzweise wohl, hier und da. Aber umfassend nirgends. Wir können es nicht. Weder wir Christen noch die Juden, die Muslime, Hindus oder die Buddhisten, von Marxisten und anderen -isten ganz zu schweigen. Wir alle, gleich welcher Denkart und Religion, sind deine unzulänglichen Töchter und Söhne. Ohne Egoismus könnten wir wohl gar nicht überleben. Ohne Liebe allerdings auch nicht. Beides hält sich so ziemlich die Waage.

Natürlich gibt es unzählige Menschen, die sich schwer ins Zeug legen, dass es gerechter zugehe unter uns. Viel guter Wille ist da und wird auch praktiziert: im Alltag der Nächstenliebe, bei Diakonie und Caritas, bei Gewerkschaften, bei der UNO, unter Nichtregierungsorganisationen, selbst bei Politikern und Wirtschaftsbossen. Darunter viele, die gar nicht an dich glauben. »Es ist kein Gott«, sagte einer von ihnen und fügte hinzu: »Zu seiner Ehre will ich das glauben.« Gleichwohl: Manches wendet sich tatsächlich zum Besseren. Aber es gibt zu viele unterschiedliche Ansichten darüber, was der Gerechtigkeit am besten diene. Wir blockieren uns gegenseitig. Oft wird deswegen sogar Krieg geführt. »Um das Recht schreien, wüten, toben und alle Welt erwürgen, das richtet nicht weniger Jammer an und erfüllt die Welt mit Kriegen und Blutvergießen.« So sagte es schon vor 500 Jahren einer unserer großen Theologen. Der zu Wittenberg, du kennst ihn. Er hat es getroffen. Denn am Ende sind uns Ungerechtigkeit und Elend immer voraus im Wettlauf mit der gut gemeinten Tat.

Und dann: Steigen wir mit Hiob eine Etage tiefer in der Empörung über dich. Es gibt auch eine Ungerechtigkeit, für die wir Menschen nun überhaupt nichts können. Du sitzt am Bett eines sechsjährigen Mädchens, das an Krebs stirbt. Andere ihres Alters dürfen weiterleben. Sie nicht. Du siehst zu und schweigst. Sag jetzt nicht, du leidest mit! Wem ist denn damit geholfen? Dir? Uns? Ich verstehe es nicht. Und weiter: Einige werden als Krüppel geboren, die meisten sind bei ihrer Geburt voll intakt. Jene erblicken die Welt in bitterer Armut, andere werden in goldene Wiegen gelegt. »Der eine stirbt in vollem Glück, ist ganz in Frieden, sorgenfrei. Der andere stirbt mit bitterer Seele und hat kein Glück genossen.« Auch das hat Hiob dir ins Stammbuch geschrieben. Für diese Art von Ungerechtigkeit bist allein du zuständig, mein Gott.

Und hast du nicht seit Jahrtausenden zugesehen, wie Menschen um ihren Lebenserhalt kämpfen müssen. Es herrscht ständiger Mangel an Nahrung, an Schutz vor wilden Tieren und harten Klimabedingungen. Immer wieder sind Menschen wahllos tödlichen Naturkatastrophen ausgesetzt. Du gehst mitten hindurch durch Leid und Elend. Du schweigst.

Aber es kommt noch ärger: Wir Menschen sind selbst schuld an Mangel, Leid, Tod und Verderben auf dieser Erde, heißt es. Sagst du das? Oder sind es unsere Priester-Theologen, die dir solche Rede in den Mund legen? Es kann ja wohl nicht dein Ernst sein, das mit dem Sündenfall, aus dem die Erbsünde herrühre. Wann und wo, bitte schön, ist das der Fall gewesen, im Laufe der drei Millionen Jahre, die wir von den Anfängen als Homo habilis bis zum Homo sapiens auf diesem Planeten leben? Tod, Leid und Verderben gab es schließlich schon lange vor uns. – Ach so: Du verlegst den Sündenfall in die Seele jedes einzelnen Menschen. Dort geschehe jedes Mal neu die Ab-Sonderung von dir, die Sünde, welche alles Übel hervorbringt. Doch um sich bösartig von dir absondern zu wollen, muss man dich wohl erst einmal »haben«. Und das ist den meisten Menschen nicht gewährt.

Wie ich es drehe und wende, ich kann dich von der Schuld an der grundlegenden Misere unserer Existenz nicht freisprechen, mein Gott. Ich tue dir aber auch nicht den Gefallen, dich in zwei Götter auseinanderzudividieren, die um das Heil der Welt kämpfen. Noch werde ich dir einen Teufel beigesellen. Das würde das Rätsel um deine Schuld nur vordergründig lösen. Nein, du bist der eine, neben dem kein anderer ist.

Aber wer bist du eigentlich? Du kennst mich: Ich weiß es nicht. Ich könnte deshalb auch nicht sagen, was es mit diesem Leben auf sich hat, mit diesem Gemisch aus Schönheit, Glück, Leiden und Grauen.

Merkwürdig nur, und ich gestehe es, dies ist mein »Salto amoris«: Da ist etwas in mir, das sagt: Du hast Recht, Gott. Du hast immer Recht, gleich, was geschieht. Das ist verrückt. Aber ich erfahre es so. Und es ist eine Gewissheit, stärker als die Hoffnung, du werdest es am Ende alles »richten«. Richten im doppelten Sinn des Wortes als

Verurteilen und als richtig oder recht machen. Nein, ich weiß, es ist anders. Es ist gut. Auch wenn wir es nicht sehen oder verstehen. Ich vertraue dir, mein Gott, obwohl ich in dieser Welt nicht erkennen kann, wo du vertrauenswürdig bist. Ich kann dieses Vertrauen nicht begründen und nicht beweisen. Es leuchtet mir aber auch im Leben anderer Menschen auf, ganz besonders im Leben und Sterben des Jesus von Nazaret. Für mich ist es ein todsicheres Wissen, dass die Widersprüche dieser Welt in irgendeiner Weise »zusammen-fallen«, dass jenseits der Möglichkeiten meines Verstandes die Rätsel sich lösen, sich aufheben, sich ergänzen. Woher diese Gewissheit kommt? Sie ist ein Geschenk von dir! Anders wüsste ich es nicht zu sagen. Wobei ich wiederum auch nicht weiß, warum du unter uns Menschen so sparsam mit diesem Geschenk umgehst. Ich jedenfalls bin in diesem rätselhaften Vertrauen zu dir absolut geborgen. Da ist eine Liebe im Spiel, die ich mit dir, dem Urgrund des Seins, verbinde. A-more, wie die Italiener sagen: das, was »ohne Tod« ist, was nicht stirbt, deine Liebe, Gott!

Dies ist, glaube ich, die uns heute bleibende spirituelle Dimension: Leben im Paradox des brutalen Zusammenpralls der Gegensätze. Hier die Welt, wie sie ist. Dort die erfahrbare Liebe Gottes als Urgrund genau dieser Welt. So verstehe ich den lateinischen Ausdruck »Coincidentia oppositorum«, den der Kardinal und Mystiker Nikolaus von Kues im 15. Jahrhundert geprägt hat. Aus dem Lateinischen übersetzt heißt die Stelle: »Ich habe den Ort gefunden, an dem man Dich unverhüllt zu finden vermag, Gott. Er ist umgeben von dem Zusammenfall der Gegensätze. Dieser ist die Mauer des Paradieses, in dem Du wohnst. Sein Tor bewacht höchster Verstandesgeist. Überwindet man diesen nicht, so öffnet sich nicht der Eingang. Jenseits des Zusammenfalls der Gegensätze vermag man Dich zu sehen, diesseits aber nicht.«[49] Mit diesen Sätzen hat der große Gelehrte die mystische Urerfahrung auf den Punkt gebracht. Das Rätsel unseres irdischen Seins, dieses oft ängstigende, oft faszinierende Mysterium, es kann sich spirituell lichten jenseits des Zusammenpralls der Gegensätze. Mehr ha-

80

ben wir nicht. Wir sehen uns in eine irdische Welt des Mangels, des Hungers, der Existenzangst, des Schuldigwerdens, des Leidens und Krepierens gesetzt. Und wir können nicht sagen, warum. Es ist nicht zu erkennen, wieso wir als Gattung Homo sapiens selbst an diesen Zuständen schuld sein sollten. Was aber ist passiert, dass in diesem irdischen Leben fast nichts so ist, wie wir ahnen, denken und im Herzen wissen, dass es sein sollte? Ich weiß keine Antwort.

Sicher ist nur: Auch wir selbst sind nicht die, für die uns die Bibel oft genug hält. Unsere angebliche Freiheit, zwischen Gut und Böse zu unterscheiden und willensgeleitet danach zu handeln, zerschellt in den Mechanismen und Abgründen der Psyche. Sicher ist für mich aber ebenso: Darf jemand die Gegenwart Gottes in seinem Innersten erfahren, schmilzt alles Fragen und Zagen dahin. Der gepeinigte Hiob zürnte Gott, den er »nur vom Hörensagen kannte«. Dann die Wende: »Jetzt aber haben meine Augen dich geschaut.« – Nichts hat sich bis dahin für Hiob konkret geändert. Aber Gott zeigt sich in der Seele, und alles *ist* gut.[50]

Vor dem Hintergrund des großen Paradoxes sind heute nun fast alle tragenden Säulen unserer traditionellen Glaubensverkündigung eingestürzt: die Rede von der Allmacht Gottes, die Lehre vom Sündenfall, die sogenannte Heilsgeschichte Gottes mit den Menschen, die am Opfertod Jesu Christi hängende Erlösungslehre, die Rede vom Weltgericht und – umfassend – die Überzeugung, es könne nur eine einzige Wahrheit in allem Reden von Gott geben. Betreiben wir also nur noch eine Theologie der einstürzenden Altbauten? Bei den Menschen außerhalb unserer Kirchenmauern jedenfalls bewegen die klassischen theologischen Themen wie Trinität, Christologie, Sakramente, Eschatologie und Ewiges Heil die Gemüter schon lange nicht mehr. Und viele sogenannte Kirchendistanzierte geht das alles längst nichts mehr an. Menschen mit der Weltsicht und der Daseinserfahrung unserer Zeit ist der Glaubenszugang über erfahrungslose, satzhafte Lehren und Dogmen nicht mehr zu vermitteln. Von wegen: mit der Kraft des Herzens und des Verstandes zu glauben, wie die amtliche katholische Formel lautet. Das ist vorbei. Wir Theologen pflegen eigentlich nur noch Gespenster-Diskussionen. Insider sind wir, fast nur unter uns. Insider, die halt von den uralten Themen nicht loskommen. Davon mache ich hier keine Ausnahme. Ein paar christlich sozialisierte und nachdenkliche Nicht-Theologen mögen wir damit noch ansprechen. Wenn wir aber wirklich wieder die Menge der Zeitgenossen erreichen wollten, müssten wir *alle*, jeden einzelnen unserer großen theologischen Bekenntnis-Sätze und Begriffe, im Meer versenken und versuchen, ganz neu zu denken und neu zu sprechen. Jürgen Fliege hat Recht, wenn er sagt: »Wir leben nicht mehr in einer Welt, die überhaupt noch irgendeinen theologischen Begriff einordnen kann. Ich rede kaum mehr von Theologie, ich benutze das ›Th-Wort‹ fast nicht mehr.« Welche theologische Fakultät zieht daraus einmal die Konsequenzen und stellt die Ausbildung der Pfarrer um?

In die dogmatische Glaubenswelt führt kein Weg zurück. Sicherlich: Viele Zeitgenossen sind mit ihrer Gottesvorstellung noch auf einer Entwicklungsstufe, die von mangelnder Reife, ja von Infantilität gekennzeichnet ist. Aber eine zunehmende Zahl unter uns ist bereits unterwegs zu einer mystischen Spiritualität.

Kein Ort nirgends? Gott lässt sich in der Tiefe der Seele als grundlose Liebe erfahren. Das ist der Ort der Mystik. Es ist auch mein Ort. Dort kann jedermann zu Hause sein. Dieser Beheimatung in Gott kann man suchend und bittend zuarbeiten. Die traditionelle Theologie ist da zurzeit wenig hilfreich.

EINSTÜRZENDE ALTBAUTEN: THEOLOGIE

Offenbart sich Gott in der Bibel?

Enttäuscht werden im Glauben

»Seien Sie behutsam mit Ihrer Abrissbirne. Das scheint ja Ihr liebstes theologisches Instrument zu sein.« Harald Pawlowski, Gründer von *Publik-Forum,* der »Zeitung kritischer Christen«, hat mich mit diesem Satz gut getroffen. Dem langjährigen Chefredakteur dieser kirchenunabhängigen Abonnement-Zeitschrift durfte ich im Amt nachfolgen. Er las meine Artikel wohl bisweilen mit gemischten Gefühlen. Deutliche Kritik an traditionellen theologischen Positionen ging in diesen Beiträgen vielfach einher mit einem Vorantasten in die spirituelle Dimension eines elementaren Gottvertrauens. Zwar teilte Pawlowski meine Einschätzung, das verunsicherte Christentum in unseren Breiten sei heute eine große Baustelle und helfen könne am Ende nur eine erfahrungsbetonte runderneuerte Spiritualität. Aber mein Mentor hatte auch Verständnis für jene Gläubigen, die in den traditionellen Lehren und Riten noch gut leben können. Nicht wenige darunter auch Leserinnen und Leser von *Publik-Forum.* Sie könnten sich verletzt fühlen, wenn jemand versuchen wollte, ihren Glauben zu beschädigen, sagte er.

Ich kann das gut verstehen. Und die Hamburger Bischöfin Maria Jepsen hat es einmal trefflich formuliert: »Der Glaube eines Menschen ist immer etwas zutiefst Persönliches«, schreibt sie, «ein inneres Gebäude, ein Gebilde, das sich seit der Kindheit und verschlungen mit seiner Biografie geformt hat. Man kann dann schwerlich, ohne Verletzungen und Schmerzen zu verursachen, daran rütteln. Weil jede Veränderung als eine Wegnahme, als ein Raub der eigenen Identität erlebt wird.«[51]

Wie stark Biografie und Glaube nach meinem Verständnis ineinander verwoben sind, habe ich zu Beginn dieses Buches beschrieben. Oft kann jemand fast nichts dafür, wie und was er in seinem Innersten wirklich glaubt. Vieles geht ja schließlich auf Prägungen durch äußere Umstände zurück. Aber wenn von Verletzungen individuellen Glaubens durch andere die Rede ist, biegt man heute sehr schnell in eine Einbahnstraße ein. Die Schutz heischende Befindlichkeit tritt ja in der Regel auf im sogenannten Traditionschristentum. Dort sind die Symbole des Heiligen, Gott, Trinität, Christus, Sakrament, Gotteshaus und anderes oft untrennbar mit dem Heiligen selbst verbunden. Wer das Symbol hinterfragt, gar kritisiert, greift auch das Heilige an. Und das wird als Verletzung empfunden. Dieses Traditionschristentum umfasst heute aber gerade noch zehn Prozent der Gesellschaft. Das ist religionssoziologisch gut belegt. Die meisten Zeitgenossen, viele von ihnen selbst oft Kirchenmitglieder, können den traditionellen Glauben und die mit ihm einhergehende Befindlichkeit nicht mehr teilen. Wer aber in den traditionellen Lehren und Riten des Glaubens gut wohnen kann, muss sich das auch gewiss nicht madig machen, gar rauben lassen. Allerdings, und da geht es eben in die Einbahnstraße: Immer wieder erlebt man, dass führende Köpfe dieses Traditionschristentums, dessen Lehren und Riten als Normen für alle verkündigen, die sich als Christen verstehen wollen. Sie beanspruchen die Deutungshoheit. Und da ist dann heute deutlicher Widerstand angesagt. Es gibt eine christliche Gläubigkeit, die mit der Tradition nicht mehr viel anfangen kann. Die sie hinterfragt und abklopft auf eine tieferliegende Sinnschicht in ihr. Oder die sie sogar weitgehend hinter sich lässt. Das ist dann ein Prozess persönlicher religiöser Selektion und Aneignung. Manches wird dabei gegenüber der Tradition notwendigerweise häretisch, weicht von Bibel und Bekenntnis ab, obwohl es sie darin nur übersteigt und weiterentwickelt. Auf diesen »Zwang zur Häresie« (Peter L. Berger) werde ich später noch eingehen. Eine dieser Glaubensentwicklungen versuche ich in diesem Buch zu entfalten. Anfeindungen und Verletztheiten werden nicht ausbleiben. Dennoch: Innerchristliche Glaubenspluralität ist in unserer globalen Übergangsepoche eine Tatsache. Traditionschristen aber, die neben ihrer Version des Glaubens keine andere als christlich gelten lassen mögen, haben die Rücksichtnahme auf religiöse Empfindlichkeiten ihrerseits aufgekündigt.

Es reizt mich, in Sachen beschädigter religiöser Identität gleich auch mal eine alte Rechnung aufzumachen. Wer in einem christlichen Milieu groß wird, muss eines Tages seinen Kinderglauben überschreiten. Und bei diesem schmerzhaften Prozess werden junge Leute, behaupte ich, in der Regel von ihrer Kirche weitgehend allein gelassen. Was unsere Kinder heute in der Schule beispielsweise in Biologie und Physik lernen, niemand sagt ihnen, wie sie das mit dem traditionellen Glaubenswissen zusammenbringen können. Die Eltern wissen es oft einfach nicht. Und der Religions- und Konfirmandenunterricht leistet es nicht. Er bleibt viel zu stark einer dogmatisierenden Verkündigung samt antikem Weltbild verhaftet. Von Ausnahmen muss ich hier nicht reden. Das Übliche habe ich an den Religionsstunden meiner Kindern nicht anders beobachten müssen, wie ich es selbst schon Anfang der sechziger Jahre erlebt hatte. Damals genoss ich fünf Jahre Religionsunterricht an einem Evangelischen Gymnasium, eine christliche Privatschule mit Internat. Und wenn ich auch schon allerhand Zweifel an den dort vermittelten Glaubensinhalten hatte, was dann in den ersten Semestern Universitäts-Theologie folgte, lässt für mich nur die bittere Schlussfolgerung zu: Meine christlichen Lehrer haben mich als Schüler religiös entmündigt. Sie haben mich mit meinen Fragen an ihre Glaubenslehre gar nicht wahrgenommen. Fixiert auf die unhinterfragbare Wahrheit ihrer Botschaft, haben sie die Empfänger einfach ausgeblendet. Ich kann mich heute noch ereifern, wenn ich das religionspädagogische Gelaber in Zeitschriften und Büchern mitkriege, fast nur realitätsfernes Schönreden. Generation um Generation von Schülern ist aus dem Glauben herauskatapultiert worden. Das ist doch offenkundig heutzutage in unserem »heidnischen Land mit christlichen Restbeständen« (*Der Spiegel*). Lebendiger Gottesglaube ist kaum mehr anzutreffen. Das Wissen über den christlichen Glauben ist weg, abgetaucht ins Unbewusste. Noch nicht einmal die Feste der Christenheit werden mehr verstanden. Aber alle diese Zeitgenossen sind durch einen jahrelangen Religionsunterricht geschleust worden. Für die Katz offenbar! Was haben die Lehrer und Pfarrer denen eigentlich erzählt? Etwas läuft da doch ganz prinzipiell falsch. Und ein so hervorragender christlicher Schulbuchautor wie Hubertus Halbfas beispielsweise wird im Unterricht offensichtlich nicht umgesetzt.[52]

Ich habe meinen Religionsunterricht spirituell sozusagen überlebt. Ich musste diesen Glauben ja auch regelrecht studieren. So hatte ich eine Chance, neue Zugänge zu den heiligen Versprechungen der Religion zu finden. Andere hatten dazu keine Möglichkeit. Sie sind irgendwo resigniert auf ihrem religiösen Lebensweg stehen geblieben. So ist der riesige Enttäuschungs-Atheismus entstanden, wie Drewermann ihn nennt. Wer hat hier denn wen im Glauben geschädigt, Frau Bischöfin?

Natürlich gibt es in unseren Kirchen immer wieder Zeitgenossen, die sozusagen im Wärmestrom gelebten Glaubens aufwuchsen. Sie hatten gesprächsoffene gläubige Eltern, einen Großvater, einen Religionslehrer oder einen Pfarrer, den sie bewundern konnten. Sie liebten die Konfirmandenfreizeiten, die Pfadfinder-Abende oder die Zeit als Messdiener. Und sie können das alles heute nicht so dramatisch sehen, wie es hier geschildert wird. Die meisten Kirchenmitglieder aber hatten dies alles gewiss nicht. Sie haben sich sehr bald abgewendet.

Ich konnte mich nicht abwenden. Ich komme von der Kirche nicht los, obgleich ich selten einverstanden bin mit ihr, weder mit ihrer evangelischen Variante noch mit der katholischen. Ich anerkenne sehr wohl: Ohne die Bibel, ohne die Überlieferung der christlichen Tradition hätte ich meine Erfahrung Gottes gar nicht in Worte fassen können. Auch hätte es meinen geliebten Eckhart nicht gegeben, noch die vielen anderen Frauen und Männer des Glaubens, die ich schätze. Gleichwohl bin ich in dieser Kirche nicht positiv sozialisiert worden. Ich hatte keinen Gottesdienst, keinen Gemeindekreis, in dem ich mich als junger Mensch hätte wohlfühlen dürfen. Ich habe Kirche buchstäblich als ein »rauhes« Haus kennen gelernt. Von wegen »Mutter« Kirche. Ich erlebte sie in den entscheidenden Jahren im *Rauhen Haus* als eine Institution, die in seelenlosen Väterstrukturen erstarrt war.

Auch so entstehen Empfindlichkeiten. Da fällt es denn manchmal schwer, was man als Kritik an Tradition und Kirche vorbringen möchte, im verbindlichen Ton zu halten. Ständig zu differenzieren und schonend zu schreiben, gar nur zwischen den Zeilen zur Sache zu kommen, wie das selbst bei kritischen Theologen oft geschieht. Dabei kennen wir aus der Bibel selbst eine gute Tradition, in der es gilt, kein Blatt vor den Mund zu nehmen. Große biblische »Propheten reden über den Glauben des einzelnen, die Gottesdienste und die offizielle und öffentliche Religion ohne Respekt und Pietät. Über tiefe und heilige Gefühle von Menschen fahren sie hinweg wie eine Dampfwalze« (Jörg Zink).[53] Das provoziert, wörtlich: »ruft heraus«. Nämlich aus allzu starren Gewissheiten. Und hat nicht auch Jesus viele Fromme seiner Umgebung provoziert? Wieso gibt er sich mit den verhassten Zollpächtern, mit Huren und anderem gottesfernem Gesindel ab, wieso vergibt er ihnen ihre Sünden und wieso gibt er Anlass, sich als »Fresser und Weinsäufer«[54] beschimpfen zu lassen? Jesus lebte bewusst in »schlechter Gesellschaft«.[55]

Das könnte traditionsverbundenen Christen auch einmal zu denken geben. Ich werde in diesem Kapitel kein Blatt vor den Mund nehmen. Wer fürchtet, es könnte zu respektlos werden, sollte die folgenden Seiten vielleicht überschlagen.

Ach, so ist die Bibel entstanden!

In der Schule hörte ich meine christlichen Lehrer bisweilen empört von einem großen Buhmann sprechen. Dieser habe die Bibel zerfleddert und den Glauben zerstört. Sein Name: Rudolf Bultmann. Klar, dass ich in meiner damaligen Protestphase genau bei diesem Theologieprofessor studieren wollte. Zwar war er bereits emeritiert, aber ich dachte, an seiner Theologischen Fakultät in Marburg werde schon noch in seinem Geist gelehrt werden. Das war auch so. Bevor ich das aber erkennen konnte, musste ich noch einmal in die Schulbank zurück: Hebräisch und Griechisch büffeln. Dann aber, theologisch endlich salonfähig, in der ersten Stunde Proseminar Altes Testament: Der Professor, Otto Kaiser, gab uns einen Abschnitt aus den Gideon-Geschichten[56] zu lesen. Im hebräischen Urtext natürlich. Wir sollten diesen Text literarisch abklopfen. Und tatsächlich: Beim genauen Hinsehen konnten wir kleine Unstimmigkeiten in der Passage erkennen. Bald war klar: Ein Redakteur hatte damals drei eigenständige Überlieferungen zu einem neuen Sinnzusammenhang miteinander verbunden: Eine Berufungsgeschichte, eine lokale Altarlegende und eine Heldensage. Der Text war sehr geschickt redigiert worden. Als Laien hatten wir das zunächst gar nicht erkennen können. Aber Professor Kaiser hat es uns gezeigt, sehr plausibel und bis in einzelne Halbsätze hinein. Ich musste das Protokoll schreiben. Und ich erinnere, als ich es in der darauffolgenden Seminarstunde vortrug, war der Kommentar des Professors: Ja, gut, stimmig.

Im Blitz der ersten Seminarstunde habe ich damals erkannt: Ach, so ist das. So ist die Bibel entstanden. So geht Bibelkritik. Deswegen also hatten meine Lehrer vom »Bibel-Zerfleddern« gezetert. Das Prinzip war mir sofort klar. »Kritik« kommt von dem griechischen Wort »krinein« und bedeutet neben anderem »unterscheiden«. Bibelkritik heißt also zunächst einmal Texteinheiten unterscheiden. So weit, so klar. Aber was dann inhaltlich in späteren Semestern folgen sollte, hat mich in meinem damaligen Glaubenszustand doch ordentlich erschüttert.

Es war mir bald klar, dass überhaupt kein geschichtlicher Text der Bibel von einem Augenzeugen geschrieben worden war. Die großen Passagen sind zumeist erst Jahrhunderte nach den geschilderten Ereignissen entstanden, neutestamentlich Jahrzehnte danach, und zwar zusammengefügt aus mündlichen oder schriftlichen Einzelüberlieferungen und kunstvoll redigiert. Zu erkennen sind Sagen, Märchen, Legenden, Gesetzeswerke, Gedichte, Lieder, Novellen, Erzählungen, Kriegsberichte, Gleichnisse, Wundergeschichten sowie theologische Lehrstücke. Und natürlich Mythen. Diese handeln von der Erschaffung der Erde und des Menschen, von der Götterwelt, in der der israelische Eingott Jahwe anfangs einer unter anderen war. Wie in vielen Völkern der Erde gibt es einen Erwählungsmythos, eine mythisch gedeutete »Sintflut« und einen Erlösermythos.

Viele solcher biblischen Einzelüberlieferungen stammen aus dem ägyptischen, dem mesopotamischen und später auch dem hellenistischen Kulturkreis. Das ist heute klar zu erkennen. Im »Land Kanaan«, auf der schmalen und umkämpften Landverbindung zwischen zwei gewaltigen Kulturkreisen, ist die religiös-literarische Kreativität der Priester und Schriftgelehrten eines kleinen Volkes sozusagen explodiert. Die Bibel ist eine literarische Meisterleistung, entstanden im Schmelztiegel uralter Kulturkreise, als Gründungsurkunde einer neuen, eigenständigen Kultur, der jüdischen. Aus dieser ist Jesus hervorgegangen.

Eine Einschränkung an dem Meisterwerk Bibel ist allerdings zu machen. Am Ende waren es zu viele Köche, die mitgewirkt haben. Der Brei ist an vielen Stellen arg verdorben. Schon der literarische Feingeist Goethe hat das mit Blick auf die fünf Bücher Mose verärgert festgestellt: »Wenn uns der verworrene, durch das Ganze laufende Grundfaden unlustig und verdrießlich macht, so werden diese Bücher durch eine höchst traurige und unbegreifliche Redaktion ganz ungenießbar.«[57] Heute ist denn auch klar, in welchem Ausmaß die ursprünglichen Texte und ihre ersten redaktionellen Zusammenstellungen übersät sind von späteren Überarbeitungen und Einfügungen. Unzählige Aussagen wurden »übermalt, ausgeschmückt, aufgebauscht, verfälscht, verdunkelt, verzerrt, zurechtgebogen, zugeschliffen, hingedreht, neu interpretiert, revidiert, verwässert und umgedeutet« (Lorenz Zellner).[58] Auch regelrechte Einfügungen sind zu erkennen. Im Neuen Testament beispielsweise der »unechte Markusschluss«[59], der »Missionsbefehl« am Ende des Matthäusevangeliums[60], in den das sehr viel später entstandene Dogma vom dreifaltigen Gott rückwirkend eingetragen wurde, oder der Text vom Fleisch-Essen und Blut-Trinken im Johannesevangelium.[61] Aber besonders für das Alte Testament gilt: Spätere Überarbeiter haben »offene Aussagen vereindeutigt, manche Texte frömmer gemacht, als sie es ursprünglich waren, sie haben sie in größere Zusammenhänge eingebettet und so dogmatisiert und systematisiert. Es sind diese Richtigsteller, Redaktoren, Zensoren und Überarbeiter« (Harald Schweizer),[62] die bewirkt haben, dass die Bibel oft so sperrig zu lesen ist. Oft – gewiss nicht immer.

Kein Wunder, dass die historische Wahrheit bei diesen so viel später zusammengestellten und vielfach überarbeiteten Texten zumeist komplett auf der Strecke geblieben ist. So hat ein erzählender Text wie jener über den Auszug Israels aus Ägypten mit dem, was wirklich geschehen ist, nichts mehr zu tun. Man nehme ein Lehrbuch der »Geschichte Israels«, beispielsweise das zweibändige Werk von Herbert Donner, das in jeder theologischen Buchhandlung für Studenten bereitliegt.[63] Da hagelt es nur so an historischen Desillusionierungen, und zwar gut begründet. Kein Abraham ist je von Ur in Mesopotamien nach Kanaan gezogen. Kein Volk Israel ist von einem Mose aus Ägypten herausgeführt worden, um dann sechshunderttausend Mann hoch vierzig Jahre lang durch den Sinai zu stolpern. Mose ist als historische Figur gar nicht mehr zu erkennen. Der Name wurde erst um 500 vor Christus als Etikett auf unzählige Einzelüberlieferungen draufgeklebt. Der angebliche Religionsstifter ist eine Figur der Sage, wie bei uns Siegfried oder Hagen von Tronje. Die Zehn Gebote von Sinai? Andernorts entstanden und sehr viel später. Die Blutbäder und Massaker des von Josua geführten israelischen Heeres bei der Eroberung Kanaans: nie geschehen, Gott sei Dank nicht, sondern grausame Fantasien schriftgelehrter Gottesneurotiker. Diese waren nach der babylonischen Eroberung des kleinen Bergkönigreiches Juda mit der Oberschicht des Volkes nach Babylon verbannt worden, in ein fünfzig Jahre währendes Exil, bis 538. Dort, am Euphrat, haben sie sich die Massaker in Kanaan ausgedacht und sechs Jahrhunderte zurückdatiert. Tenor: Die ferne Heimat, wie schwer sie doch im göttlichen Auftrag erkämpft war! Auch David und Salomo sind im Exil aus dem Abstand der Jahrhunderte hochgradig verklärt worden, in brillant geschriebenen Texten. Heute ist längst klar: Die beiden waren Provinzfürsten, dritte Liga, archäologisch gar nicht zu identifizieren.

Solche wissenschaftlichen Erkenntnisse werden heute sogar in Israel vermeldet. Zitat aus einer Notiz der Katholischen Nachrichtenagentur vom 28. Oktober 1999: »Die biblischen Geschichten über Abraham oder den Auszug des Volkes Israel aus Ägypten sind nach Ansicht israelischer Archäologen reine Legenden. Die Könige David und Salomo seien bestenfalls kleine Stammesfürsten, falls es sie überhaupt gegeben habe. Dies berichtet die israelische Tageszeitung ›Haaretz‹ in ihrer Donnerstagausgabe unter Berufung auf Professor Zeev Herzog von der Universität Tel Aviv. Die Suche israelischer Archäologen nach handfesten Spuren aus der frühen Entstehungszeit des Volkes Israel sei ergebnislos verlaufen. Alle Geschichten über die Entstehung Israels, die Aufteilung in zwölf Stämme und die mächtigen Königreiche von Dan bis Beer Schewa müssten ins Reich der Legenden verwiesen werden, so Herzog.«[64]

Aber da sind ja noch die biblischen Propheten. Die waren gewiss historische Personen. Dennoch: Keiner hat das Buch geschrieben, das unter seinem Namen segelt. Das meiste ist von Schülern und Priestern später zusammengestellt worden. Und selbst vor den poetischen Büchern hat man nicht Halt gemacht. Hiob zum Beispiel: Dieses brisante Versepos aus dem 5. vorchristlichen Jahrhundert wurde nachträglich durch eine volkstümliche Rahmenerzählung in seinen provozierenden Gottesanklagen domestiziert. Eine Zensoren-Arbeit vom Feinsten![65]

In den Evangelien des Neuen Testaments ist es vor allem »Der Rahmen der Geschichte Jesu«, so der Titel eines Lehrbuchs,[66] der nachträglich gefertigt wurde. Er war notwendig, weil das »Wo« und »Wann« der Worte und Taten Jesu zumeist nicht mitüberliefert worden war. Also mussten die Evangelisten dies selbst bestimmen. Und natürlich gilt auch für das Neue Testament insgesamt: Keiner der Autoren war dabei gewesen, als Jesus im Land umherzog, keiner hatte Jesus noch kennengelernt. Und so gibt es denn in den Schriften des Neuen Testaments manches, das quer liegt zur Botschaft Jesu, wie wir heute deutlich erkennen können. »Seine Durchbrüche wurden immer wieder zugedeckt, seine Grundinteressen umgedeutet. Es gibt eine Gegentheologie zur Theologie Jesu«(Zellner).[67] Kein Autor hatte Jesus gekannt, aber geschrieben haben sie über ihn wie die Weltmeister. Und geschummelt haben sie wie die Weltmeister. Ein Beispiel unter vielen: Die Eingangszeile des ersten Petrus-Briefes behauptet ganz unschuldig, der Verfasser sei der Gefährte Jesu, eben der Apostel Petrus. Das aber kann aus vielerlei Gründen nicht stimmen. Ebenso: Sechs der dreizehn im Neuen Testament als Briefe des Paulus ausgewiesenen Schreiben sind dem Apostel aus Tarsus untergeschoben worden. Er hat sie gar nicht geschrieben.

Lügt uns die Bibel da eigentlich etwas vor, durchgängig gar und auch noch »wie gedruckt«? Im Studium war das tatsächlich mein erster Eindruck. Aber dann wurde doch klar: Wir setzen dabei unser heutiges Geschichtsbewusstsein und unsere moderne Auffassung von geistiger Urheberschaft eines Textes voraus. Beides hat der religiöse Mensch der Antike so nicht gekannt. Er lebte subjektiv in vorgegebener Tradition, man könnte auch sagen in einer Erzählgemeinschaft von Erinnerung, und sein Bewusstsein ließ die Frage gar nicht zu, ob das Erinnerte durch reale Ereignisse in der Vergangenheit gedeckt war. Wir Heutigen aber haben keine andere Wahl, als hier kräftig zu unterscheiden. Die Bibel ist die wissenschaftlich-rational am intensivsten erforschte Religionsurkunde der Menschheit. Der Koran, die hinduistischen Veden und der buddhistische Pali-Kanon haben das erst noch vor sich. Dabei ist historische Bibelkritik nicht aus Bosheit entstanden oder in zerstörerischer Absicht. Sie ist einfach schicksalhafte Folge der europäischen Aufklärung. Übrigens waren deutsche Theologen von Anfang an führend in dieser kritischen Sichtung der biblischen Texte.

Ein Schnellkurs in Bibelkritik

Für Nicht-Theologen, wenn sie in ihrer Bibel lesen, ist es natürlich schwer, dies alles nachzuvollziehen. In der Bibel klingt doch vieles so lebendig, ereignisnah, schlüssig und wie aus einem Guss. Als ob überall Reporter dabei waren und Gott selbst noch beim Schöpfungsakt über die Schulter geschaut haben. Allerdings ist das Wissen aus der historisch-kritischen Bibelforschung heute bereits über 200 Jahre alt. Und ein Forscher wie Rudolf Bultmann hat sein berühmtes Buch über die Entstehung der Evangelien kurz nach dem Ersten Weltkrieg geschrieben.[68] Ich habe noch ein Exemplar in Frakturschrift durchgearbeitet. Dass Bultmann noch in den sechziger Jahren angegriffen wurde, beispielsweise von meinen Lehrern am Gymnasium, zeigt, wie brisant diese Erkenntnisse sind. Es spricht auch heute ganz und gar nicht für den Stand der christlichen Schriftgelehrten und Glaubensverkünder, dass dieses Wissen kaum unter die Leute gekommen ist. Der Schweizer Theologe Walter Hollenweger klagt denn auch: »Die Ergebnisse der historischen Bibelkritik sind das bestgehütete Geheimnis der Kirchen.«[69]

Wie aber soll man dieses Geheimnis lüften, ohne wissenschaftlich zu argumentieren? Ich möchte einen Versuch wagen: Ein Schnellkurs in historischer Bibelkritik, ohne Fachsprache und exemplarisch anhand von Textunterscheidungen in den Evangelien. Das sieht so aus:

»Die meisten Christen in den Kirchenbänken halten die Evangelien für den Tatsachen entsprechende Geschichten. Sie haben keine Ahnung, dass sie die komplexesten, widersprüchlichsten literarischen Konstruktionen der Antike sind. Deshalb haben sie auch keine Ahnung, wie sie sie lesen sollen. Sie beharren leidenschaftlich darauf, die Evangelien seien das eine, was sie nicht sein können: einander ergänzende Biografien Jesu.« Mit diesen Sätzen lädt der frühere katholische Theologieprofessor Peter de Rosa dazu ein, die Evangelien, die Bibel überhaupt, kundig zu lesen. Nur so habe Gott eine Chance, uns aus diesem Buch heraus noch anzusprechen.[70]

Kundig lesen heißt lesen in Kenntnis der Einsichten, die die Bibelwissenschaft in zurückliegenden Jahrzehnten gewonnen hat. Mit Blick auf die Evangelien geht es dabei um deren methodische Entschlüsselung wie um die historischen Ergebnisse. Die Ergebnisse seien hier zuerst genannt, damit man für die etwas kompliziertere Methode genug Neugier mitbringt:

1. Die Evangelien sind vierzig bis siebzig Jahre nach dem Tod Jesu geschrieben und redigiert worden, und zwar in Syrien. Über die Autoren Markus, Matthäus, Lukas und Johannes wissen wir so gut wie nichts. Sie haben alte Überlieferungen für Leser ihrer Zeit gedeutet. Enthalten ihre Texte das »zeitlos inspirierte Evangelium«? Das ist angemessen nur zu erfassen, wenn man die religiöse Welt dieser Zeit, die jüdische wie die hellenistische, berücksichtigt. Ebenso die sozialen Umstände, in denen die syrischen Adressaten der Texte damals lebten. Für diese Menschen sind die Texte konkret geschrieben – nicht für uns Deutsche im 21. Jahrhundert.

2. Nahezu alle biografischen Angaben in den Evangelien stammen aus der Feder der Evangelisten. Diese waren keine Augenzeugen des Wirkens Jesu mehr. Sie haben den zeitlichen und örtlichen Rahmen des Lebenslaufs Jesu aus schriftstellerischen Gründen selbst ge-

setzt. Besonders Markus und Lukas lassen bisweilen erkennen, dass sie nur vage Kenntnisse von Land und Leuten im Palästina der Zeit Jesu hatten.

3. In den Evangelien sind zwei historische Ebenen übereinander gelagert: Die Jesus-Zeit um 30 und die Zeit nach 70, nach der Zerstörung des Jerusalemer Tempels durch die Römer. Diese Katastrophe wird in den Evangelien als bereits geschehen angedeutet. Zum Beispiel in der rückblendend Jesus in den Mund gelegten Prophezeiung in Markus 13, Vers 1. In die Jahrzehnte nach 70 fällt besonders die – teils hochpolemische – Abkehr vom damaligen Judentum. Sie wurde in böse Urteile Jesu über die jüdischen »Schriftgelehrten und Pharisäer« zurückprojiziert. Das Judentum hatte sich nach der Katastrophe von Jerusalem gerade in Syrien neu formiert. Die Ablösung von der Synagoge wurde für die jüdische Sekte der »Christianoi« mit der immer deutlicher formulierten Gottheit Jesu unumgänglich. Ein Mensch als Gott – das ist jüdisch ein undenkbarer Gedanke.

4. Der Verfasser des Johannesevangeliums hatte vermutlich eines oder mehrere der anderen Evangelien gelesen, bevor er – als Letzter – um das Jahr 100 daranging, seinen Text zu schreiben. Aber auch wenn der vierte Evangelist die Bücher seiner Vorgänger kannte, er zitiert nicht aus ihnen. Er deutet die Überlieferung von Jesus auf ganz unabhängige Weise, entfaltet seine eigene Glaubensvision. Neutestamentler sind sich bei Johannes weitestgehend einig: Der Evangelist überliefert in all dem nicht ein einziges authentisches Wort von Jesus. Schon gar nicht in den ergreifenden »Ich-bin«-Reden.

Aber woher weiß man das nun alles? Wie kann man als theologischer Laie der historisch-kritischen Erforschung der Evangelien methodisch auf die Spur kommen? Zwei Voraussetzungen sind entscheidend. Man muss eine »Synopse« studieren, und man muss den »Geheimcode« der Bibelforschung kennen.

Zunächst die Synopse: Dies ist ein im Handel erhältliches Buch, das die Texte der vier Evangelien in vier Spalten nebeneinander darstellt. So kann man einander entsprechende Passagen direkt vergleichen.

Schon in einer deutschen Übersetzung sind dabei Kapitel für Kapitel erstaunliche Unterschiede zu erkennen. Und rasch wird auch deutlich: Das Johannesevangelium hat die wenigsten Gemeinsamkeiten mit den drei anderen Evangelien. Es schert komplett aus. Die Texte von Matthäus, Markus und Lukas kann man dagegen gut nebeneinander vergleichen. Diese drei Evangelien heißen deshalb »Synoptiker«, was vom griechischen Wort für »zusammenschauen« herrührt. Und der Geheimcode? Ihn haben Bibelwissenschaftler beim Vergleich der synoptischen Evangelien im griechischen Urtext geknackt. Seit Jahrzehnten ist er nicht mehr strittig. Er dechiffriert die immer wieder zu erkennenden Unstimmigkeiten, Brüche, Widersprüche, geografischen und zeitlichen Abweichungen in den Texten. Wissenschaftlich heißt der Code »Zwei-Quellen-Theorie« und besagt dies: Als Matthäus um das Jahr 85 und Lukas um 95 unabhängig voneinander ihre Evangelien schrieben, hatten sie jeweils zwei Quellen vor sich auf dem Tisch liegen: das fertige Markusevangelium, das kurz nach dem Jahr 70 entstanden war, und eine Sammlung von überarbeiteten Jesusworten, die die Wissenschaft heute einfach Spruchquelle »Q« nennt.

Das Markusevangelium ist in den beiden anderen Synoptikern umfänglich enthalten. Von seinen insgesamt 661 Versen zitiert Matthäus 630 Verse und Lukas 350. Beide Evangelisten gruppieren aber viele Markus-Passagen neu, kürzen oder ergänzen sie immer wieder. Das wird gut deutlich, um nur eines von unzähligen Beispielen zu nennen, im Vergleich der Texte zu den »Krankenheilungen am Abend«: (Matthäus Kapitel 8, 16 und 17; Markus Kapitel 1, 32 bis 34; Lukas Kapitel 4, 40 und 41). Welche dieser Fassungen ist wohl die inspirierte?

Was bei Markus nicht steht, schält sich im Vergleich von Matthäus und Lukas als Quelle »Q« heraus, insgesamt mehr als 200 Verse. Auch hier gehen wieder beide Evangelisten mit dieser selbst bereits redigierten Vorlage unterschiedlich um. Als Drittes kann man bei Matthäus und Lukas sogenanntes Sondergut erkennen. Texte, die keine Entsprechung im jeweils anderen Evangelium haben und die dann eben – wie »Q« selbst – auch nicht bei Markus vorkommen. Zu solchem Sondergut zählt zum Beispiel das lukanische Gleichnis vom verlorenen Sohn.

Jeder Evangelist versucht auf seine ganz eigene Art zu verstehen, wer Jesus von Nazaret war. Alle vier machen sich anhand der Überlieferungen ein Bild von ihm, Jahrzehnte nach seinem Tod. Sie deuten die Texte, die ihnen vorliegen. Und dabei bringen sie sich selbst ein, mit ihrer Vergangenheit und Gegenwart. Und sie gehen auf die Probleme ein, die christliche Gemeinden in Syrien akut bewältigen müssen. Dabei kommen so unterschiedliche Evangelien heraus wie die von Matthäus, Lukas und Johannes. Matthäus und Lukas kommen regelrecht zu widersprüchlichen Ansichten über Jesus. Matthäus formuliert in der Bergpredigt manches von seinem Verständnis des Alten Testaments her und legt es Jesus in den Mund. So lässt er den Wanderprediger zum Beispiel sagen, jedermann habe das Gesetz des Mose bis ins letzte Jota hinein zu achten und zu halten.[71] Lukas dagegen hebt dieses Gesetz in vielen Gleichnissen geradezu auf, besonders in seinem Gleichnis vom verlorenen Sohn.[72] Wie soll man als Bibelleser entscheiden, was gilt? Im Kapitel über die Häresie werde ich versuchen, eine Antwort darauf zu geben.

Fest steht: Der Vergleich der Evangelien in fortlaufender synoptischer Lektüre kann den Leser rasch ratlos machen. Viele Rätsel lösen sich, wenn man gleichzeitig ein gut verständliches Fachbuch zu Rate zieht. Ein Juwel unter den für Laien verständlichen Werken ist die kommentierte Bibel des Religionspädagogen Hubertus Halbfas. Sie umfasst auch das Alte Testament.[73] Wer es wissenschaftlich exakt wissen will, Vers für Vers mit allen Argumenten, die heute dazu erörtert werden, der sei verwiesen auf das Nachschlagewerk von Gerd Lüdemann, »Jesus nach 2000 Jahren«[74].

Man darf sich allerdings beim Lesen solcher Fachbücher nicht durch die oft geballten Zahlenreihen von Hinweisen auf Bibelstellen abschrecken lassen. Diese Zahlenreihen benennen zunächst mit einem Buchstabenkürzel jene der 27 Schriften des Neuen Testaments, auf die sie sich beziehen: Zum Beispiel Lk für Lukasevangelium oder 2. Kor für »Zweiter Brief des Paulus an die Korinther«. Nach dem Kürzel folgt die Kapitelangabe, dann, durch Komma abgetrennt, der oder die Verse, die akut gemeint sind. Röm 13, 7 ff; Hebr 4, 7; Ez 2, 4–9 benennen also die Verse 7 und folgende im 13. Kapitel des »Paulus-Briefes an die Römer«, den Vers 7 im 4. Kapitel des Hebräer-Briefes und die Verse 4 bis 9 im 2. Kapitel des alttestamentlichen Prophetenbuchs Ezechiel. Man versteht vieles besser und schneller, wenn man sich die wissenschaftlichen Abkürzungen aller rund 70 Bücher der ganzen Bibel einfach einmal systematisch einprägt. Sie sind das ABC der Bibelwissenschaft. Eine Übersicht ist im Anhang der Einheitsübersetzung zu finden.

Gotteswort in Menschenwort?

Soweit dieser kurze Ausflug in eine der Methoden der historischen Bibelkritik. Was bleibt am Ende aus all den aufregenden Beobachtungen, welche Grunderkenntnisse? Und was bedeutet das Ganze für den Glauben? Genau das habe ich mich im Fortgang meines Theologiestudiums immer öfter gefragt. Befriedigende Antworten habe ich damals nicht gefunden. Fest stand für mich:

Erstens: Wo in biblischen Texten »Geschichte« draufsteht, ist meistens keine Geschichte drin. Wir haben es sehr oft mit Konstruktionen zu tun, Deutungen von alten Überlieferungen als Bekenntnisse des Glaubens an Gottes Handeln. Darin werden durchaus auch unterschiedliche Gottesbilder sichtbar, archaisch-primitive, herrisch-fordernde, widersprüchlich in sich zerrissene (ambivalent) bis hin zu jenem Gottesbild, das sich als »leiser Hauch im Herzen« (Elia, später Jesus) kundtut. Die ersten Texte wirkten auf spätere Generationen ein, die sie im Nacherzählen ergänzten, veränderten oder umdeuteten und so die Vorlagen erweiterten, bis eine Kanonisierung dem Prozess ein Ende setzt. Im Alten wie im Neuen Testament ist auf diese Weise aus Wirkung und Nachwirkung entstanden, was am Ende zum nicht mehr veränderbaren Kanon, zur Bibel, erklärt wurde. Die Texte dokumentieren somit nicht Geschichte, sondern »Wirkungsgeschichte«. So lautet der Fachausdruck.

Zweitens: In der Bibel ist eine sublime Religionsverschmelzung zu beobachten. Wir haben in ihr keineswegs eine einmalig neue religiöse Tradition. Das Besondere der »Heiligen Schrift« ist ihr Umfang als durchkomponierte Textsammlung von oft hoher literarischer Qualität. Inhaltlich kommt vieles aus benachbarten Kulturkreisen. Selbst der Eingott-Glaube ist nicht originär. In Ägypten gab es lange vor den ersten Überlieferungen Israels den Versuch des Pharao Echnaton, den Sonnengott als einzigen Gott unter dem Himmel durchzusetzen. Und in Israel selbst hatte es später der alte Wüstengott Jahwe schwer, sich gegen andere semitische Gottheiten zu behaupten. Zum Beispiel gegen die Elohim[75], die selbst noch im Namen Isra-*El* auftauchen. Dass Gott nur einer sei, steht in Israel erst spät fest. Der Schöpfungsbericht am Anfang der Bibel stammt aus der Zeit nach dem Exil. Außerdem weiß man heute: In den alten Viel-Gott-Kulturen haben sich einzelne, Familien oder ganze Stämme oft einen Gott oder eine Göttin aus dem Pantheon »herausgefischt«. Mit dieser Schutzgottheit sind sie dann sozusagen durch dick und dünn gegangen, egal, was die anderen Götter tun mochten.

Auch das Neue Testament ist nicht ohne religionsgeschichtliche Parallelen. Die betreffen besonders das Christusbild. Als Paulus seine Briefe schrieb und als später nach und nach die Evangelien entstanden, wimmelte es im jüdischen wie im hellenistischen Kulturbereich von Wundertätern, Messiassen und Gottessöhnen. Auch Jungfrauengeburten, Totenauferweckungen, Himmelfahrten und Massenspeisungen sind außerhalb des Neuen Testaments belegt.[76] In den hellenistischen und römischen Kulten rund ums Mittelmeer waren blutige Tieropfer an die Götter noch gang und gäbe. Nur die Juden haben damit nach der Zerstörung des Tempels konsequent Schluss gemacht. Dem wunderheilenden Christus der Evangelisten zum Verwechseln ähnlich war der Kult um den griechischen Halbgott Asklepius (römisch: Äskulab), der im ganzen östlichen Mittelmeerraum lebendig war. Das Sinnbild dieses heilenden Gottmenschen, die sich um einen Stab windende Schlange, ziert noch heute Apotheken und Arztpraxen.

Die heiße Luft der Dogmatik

Dampfwalze Moby Dick

Geschichtlich zumeist unrichtig und religiös selten exklusiv: Mit der so durchschauten Bibel hat die traditionelle Theologie ein dickes Problem bekommen. Galt doch seit den frühen Kirchenkonzilen als sicher: Gott hat sich in der Geschichte des Volkes Israel offenbart, aufgeschrieben im Alten Testament. Und dieses weist schon auf den Gottessohn Jesus Christus hin, der im Neuen Testament das Fleisch gewordene Schlusswort der Offenbarung selbst ist. Historia est fundamentum. Das war der Grundsatz aller Bibelauslegung: Die Geschichte ist das Fundament. Die Heilsgeschichte Gottes mit den Menschen steht in der Bibel aufgeschrieben. Diese »Heilige Schrift« ist »Gottes Wort«, einmalig, ausschließlich und endgültig.

Für mich war das im Studium plötzlich alles heiße Luft. Das historische Fundament ist zerbröselt. Von einem Mose wissen wir gar nichts mehr und von Jesus können wir bei keinem seiner Worte sicher sein, ob er es tatsächlich so gesagt hat. Wie will die Theologie da eigentlich noch ihre klassischen Glaubensgebäude erhalten? Sind das nicht längst alles einstürzende Altbauten?

»Moby Dick« zum Beispiel. So haben wir damals die 13-bändige »Kirchliche Dogmatik« von Karl Barth genannt. Der Schweizer Autor gehörte in der ersten Hälfte des 20. Jahrhunderts neben Rudolf Bultmann und Karl Rahner zu den Fürsten im Reich der Theologie. Er war der sprachgewaltige Bauherr eines protestantischen Glaubensdoms. Dabei war er reformierter Theologe, kam also von Calvin her und nicht von Luther. Letztlich aber beruhte sein Erfolg darauf, dass er die Ergebnisse der historischen Bibelforschung nicht nur ignoriert, sondern sie gewissermaßen mit der Dampfwalze seiner Dogmatik überrollt hat. Damit hat er ganze Pfarrergenerationen geprägt, auch lutherische. Er autorisierte sie innerlich, die historische Bibelkritik links liegen zu lassen. Motto: Im Grunde alles nur Thesen. Im Wesentlichen sei die Geschichte schon so abgelaufen, wie sie in der Bibel geschildert werde. Da wird die starke Kraft und Kunst der Verdrängung sichtbar. In dem Jesus-Buch von Papst Benedikt XVI. findet sich diese Haltung wieder.[77] Der Christus der Evangelisten, so schreibt der Dogmatiker Ratzinger, sei »der wahre, der geschichtliche Jesus«. Als historisch-kritisch geschulter Theologe fasst man sich an den Kopf.

Auf diese Weise kann man natürlich klug drauflos deduzieren, will sagen, alle möglichen Glaubenswahrheiten aus der Bibel herleiten. Deduktion heißt das Fachwort. Dann ist die Bibel ein idealer Stichwortgeber für die großen und kleinen Themen der Dogmatik: Schöpfung, Sündenfall, Gottes Wille, Heilsgeschichte, Fleischwerdung Gottes, Christus, Kreuzestheologie, Trinität, Ethik, Reich-Gottes-Lehre, Auferstehung, Jüngstes Gericht und anderes mehr. Da werden dann selbst noch mythische Passagen der Bibel wie der Sündenfall oder die Sintflut geradewegs als wirklich passiert angesehen, also historisiert. Was dazu die Kollegen aus den biblischen Fächern sagen, braucht doch einen »Systematischen Theologen« nicht zu scheren.

Aber selbst diese, die Fachtheologen für Altes und Neues Testament, tun sich mit ihren eigenen Erkenntnissen schwer. Wie soll man Theologie treiben, wenn das historische Fundament, das die Bibel sich selbst zu geben meint, eine Illusion ist? Einige Bibelwissenschaftler denken, sie haben *den* Ausweg aus dem Dilemma gefunden. Und das wird dann heute als der neueste Schrei der Bibelexegese verkauft: Historisch an der Bibel sei für die Theologie letztlich die im vierten Jahrhundert kirchlich festgelegte Endfassung nach allen vorangegangenen Überarbeitungen. Diese Endfassung wird Kanon genannt. Deswegen spricht man von der »Kanonischen Textauslegung«. Und da doch Gott hinter der Entwicklung stehe, wie schließlich zu glauben sei, müsse man den Kanon als von seinem Geist inspiriert ansehen. – Im Ergebnis ist man dann wieder bei Karl Barth: Ignorieren, verdrängen, überrennen. So wird historisch-kritische Bibelexegese kirchlich domestiziert. In der Bibel gibt es danach eigentlich kein Menschenwort, sondern im letzten Grunde nur »deus dixit«, Gott spricht. Aber wo spricht der nur, wenn es allein im Neuen Testament ganz elementare Widersprüche gibt? Mein verehrter Lehrer Herbert Braun, seinerzeit Neutestamentler in Mainz und »radikaler Bultmann-Schüler«, hat mit uns Studenten ein ganzes Seminar darüber abgehalten. Da wurde es dann sehr deutlich: Die Aussagen, die die Autoren über das Heil des Menschen, über seine Stellung zu Gott machen, sind so unterschiedlich, dass man sie nicht miteinander in Einklang bringen kann. Selbst die Christologie ist nicht auf einen einheitlichen Nenner zu bringen. Mal ist Jesus der Gottessohn, der schon vor seiner Geburt bei Gott im Himmel wohnte (Präexistenz). Mal ist er erst zu Lebzeiten, und zwar bei seiner Taufe durch Johannes, zum Gottessohn geweiht worden. Insgesamt vier unterschiedliche Begründungen der Gottessohnschaft Jesu lassen sich erkennen. Die Stellung des Menschen zum göttlichen Gesetz bietet im Neuen Testament eine schillernde Farbenskala (Braun). Was gilt denn eigentlich? Und die Lehre von den letzten Dingen, vom Jüngsten Gericht, Eschatologie genannt, ist voll starker Spannungen. Was wirklich geschehen soll am Ende der Zeit, ist vollkommen unklar.

Glaubenslehren, die vorgeben, auf geschichtlich offenbarter Wahrheit zu beruhen, überzeugen nicht mehr. Auch Nicht-Theologen haben längst ein Gespür dafür entwickelt, wie sehr das alles in der Luft hängt. Und wie sehr es zudem einem Weltbild verhaftet bleibt, das mit dem unseren fast nichts mehr zu tun hat. Ich kann von solcher Art Theologie oft nur noch sarkastisch reden.

Gehört Gott in die Psychiatrie?

Nehmen wir die Sündenschuld: Niemand kann mir erklären, warum ich Gott gegenüber von Grund auf schuldig bin. Warum ich seinen Forderungen an mich nie genügen kann. Warum ich daher stets mit einem abgrundschlechten Gewissen herumlaufen soll. Aber weil im dritten Kapitel zu Beginn der Bibel »berichtet« wird, wie es angeblich dazu kam, soll ich das einfach für wahr halten, das mit Adam, Eva und dem verdammten Apfel. Und was sind überhaupt Gottes Forderungen an mich? Was will der eigentlich von mir? Von den 613 Ge- und Verboten im Alten Testament kann doch heute kein vernünftiger Mensch noch wirklich etwas ernst nehmen, so wie sie da stehen. Und vieles aus den Zehn Geboten wird in anderen Kulturen ebenso gefordert. Keine Gesellschaft kann bestehen, wenn sie Mord, Ehebruch und Diebstahl nicht ächtet. Das meiste an unserer heutigen Ethik, die Spielregeln unseres Zusammenlebens, leiten wir spätestens seit Kant aus der Vernunft ab, wie unvollkommen auch immer. Biblisch bleibt das Doppelgebot der Liebe, das ja auch Jesus anführt: Du sollst Gott lieben und du sollst deinen Nächsten lieben wie dich selbst. – Damit kann man sicher etwas anfangen. Mich stört nur der Befehlston im ersten Teil. Ich *soll* Gott lieben? Und er? Liebt er mich denn auch? Klar. Aber nur als den gefallenen Sünder, scheint es. Denn ich habe die Freiheit missbraucht, die er mir geschenkt hat. Ich bin ihm gegenüber schuldig geworden, habe mich von ihm abgewendet, tue das jeden Tag wieder. Und nicht nur ich, alle Menschen, von vornherein. Das hat er nicht gewollt, der liebende Gott, er hat nur unsere Freiheit gewollt. Aber nun ist es geschehen und nun liebt er uns so sehr, dass er seinen Sohn schickt, um sich durch ihn mit uns zu versöhnen. So steht es in den Texten, genau so. Aber da möchte ich wohl fragen dürfen: Warum hat Gott eigentlich einen so fehlerhaften Menschen gemacht, der ihm von vornherein nicht genügen kann? Und warum hat er ihn dann auch noch in eine so fehlerhafte Welt gesetzt, in der Hunger, Leid und Tod schon auf ihn warteten? Weil er ein freies Geschöpf als freies Gegenüber wollte? Darum lässt er alles zu, was in dieser Freiheit passieren kann? Wenn ein Vater zusieht, wie sein kleiner Sohn dabei ist, in eine Steckdose hineinzustochern, und er springt nicht hinzu, ihn daran zu hindern, dann ist er ein Verbrecher.[78] Sein Gestammel von der Freiheit seines Sohnes würde vor Gericht die Frage aufkommen lassen, ob der Mann nicht in die Psychiatrie gehöre. Gehört Gott in die Psychiatrie? Wer heute biblische Mythen theologisch historisiert und Gottesvorstellungen aus der mentalen Steinzeit der Menschen in die Gegenwart überträgt, macht die Leute krank. – Gott sei Dank lassen die sich das zumeist längst nicht mehr gefallen. Sie wenden sich einfach ab.

Christus und kein Ende

Aber da ist ja noch der andere große biblische Mythos. Der vom Gottessohn Jesus Christus. Ein jüdischer Wanderprediger, dessen männlicher Elternteil im Himmel wohnt. Gottessöhne kommen in der Antike oft vor. Man kann sie nach heutiger Sicht als Spiegelungen religiöser Vorstellungen verstehen. Bei Jung steht der Gottessohn Christus für das innere »Selbst«. Dies fabuliert sich im Mythos in unterschiedlichen, auch ambivalenten Erzählungen aus. Daraus kann man gewiss vieles über das menschliche Innenleben erfahren, besonders das religiöse. So, wie Eugen Drewermann es generell mit den Mythen, Märchen und Geschichten der Bibel tut. Er befragt und öffnet sie mit den Methoden der Tiefenpsychologie. Wer das für biblisch unangemessen hält, der gebe ihm eine Chance und lasse sein Jesusbuch einmal auf sich wirken.[79]

Als aber die Autoren des Neuen Testaments von Jesus als dem Gottessohn Christus schrieben, war das für sie kein Seelenbild, sondern historische Wirklichkeit: Jesus war der Fleisch gewordene Gottessohn Christus. Ob sich Paulus, Markus, Matthäus und die anderen Schreiber darüber im Klaren waren, dass sie eine kulturell längst vorliegende Deutungsfolie auf Jesus draufgelegt hatten? Ich denke nicht. Aber wir

Heutigen, wenn wir diese Folie beibehalten, wenn wir den Gottessohn-Mythos für geschichtliche Wirklichkeit nehmen, dürfen uns nicht wundern, wenn in unserer Theologie nichts mehr zusammenpasst.

Neutestamentlich beginnt das schon damit, dass wir bibelkritisch mit Sicherheit sagen können, Jesus habe sich selbst überhaupt nicht als Gottessohn verstanden. Und auch nicht als »Messias«, welches hebräische Wort auf griechisch »Christos« heißt. Nach Markus 8, Vers 30 hat Jesus seine Jünger regelrecht beschworen, ihn niemals »Christus« (Messias) zu nennen. Diese sogenannten Hoheitstitel – Gottessohn, Christus, Kyrios (Herr) und andere – sind ihm trotzdem in den späteren Evangelien als Selbstaussagen in den Mund gelegt worden. Das ist heute unter den meisten Neutestamentlern nicht mehr strittig. Wie Jesus sich selbst verstanden hat, wissen wir gar nicht. Und das Wort vom »Menschensohn«, wenn Jesus es überhaupt auf sich selbst bezogen hat, bleibt ein rätselhaftes Wort aus dem biblischen Buch Daniel. Vermuten kann man, dass der Mann aus Nazaret sich in der Spur der Propheten Israels sah, mit provozierenden Reden und symbolischen Handlungen. So zum Beispiel jener der Ernennung von zwölf Jüngern entsprechend den zwölf Stämmen Ur-Israels.

Was aber war es, das Paulus und die Evangelisten dazu brachte, Jesus als Gottessohn zu verstehen? Was wussten sie überhaupt von ihm? Es liefen Erzählungen über ihn um, Wundergeschichten, Gleichnisse und Lehrreden. Paulus hatte sich drei Jahre nach der Hinrichtung Jesu noch selbst bei Petrus in Jerusalem über den Nazarener informiert. Der gelernte Theologe maß den Berichten des einfachen Fischers aus Galiläa aber offensichtlich wenig Wert bei. Für den Menschen Jesus hat er jedenfalls kein Feuer gefangen. Das schreibt er ganz deutlich hin, im 2. Brief an die Korinther.[80] Jesus »nach dem Fleisch«, also als Mensch, interessierte ihn nicht. Seine eigene visionäre Begegnung mit dem auferstandenen Christus vor Damaskus war ihm ungleich wichtiger.[81]

Außer mündlichen Überlieferungen waren damals noch ein paar wenige Papyrus-Notizen im Umlauf. So wurden Exemplare einer Sammlung von Jesusworten herumgereicht. Sie waren griechisch abgefasst, also nicht in der aramäischen Muttersprache Jesu. Und sie waren bereits überarbeitet, als Matthäus und Lukas diese später so genannte Spruchquelle »Q« in ihre Evangelien einarbeiteten.

Das Wichtigste in aller Überlieferung waren jedoch immer wieder Berichte von Tod und Auferstehung des Wanderpredigers aus Nazaret. Aber was hatte es nur zu bedeuten, dass dieser Jesus, der offenbar so ergreifend von Gott reden konnte, den Tod als Schwerverbrecher am Galgen der römischen Besatzungsmacht gestorben war? Und was hatte es zu bedeuten, dass seine engsten Freunde und auch einige Begleiterinnen damals plötzlich gewiss waren, sie hätten ihn als vom Tod auferstanden lebend vor sich gesehen? Eine Erklärung musste her. Und sie lag ja doch als kulturelle Folie längst bereit. Niemand weiß, wer diese Folie zuerst auf Jesus angewendet hat. Paulus jedenfalls, der früheste Autor des Neuen Testaments, greift die Erklärungsformel schon auf. Sie lautet im Anfangsstadium so: Dieser Jesus aus Nazaret war Gottes Sohn und sein Tod ist ein vollkommenes Brandopfer, mit dem er Gott für uns gnädig gestimmt hat. Ausblutende Tiere als Versöhnungsopfer auf den Altären waren von Rom über Athen, Ephesus, Antiochia und Jerusalem bis Alexandria an der Tagesordnung. Und Auferstehungen waren in der gesamten Antike bekannt. Meistens widerfuhren sie Halbgöttern. Beides wurde jetzt also auf Jesus übertragen. Es lag ja auch zum Greifen nahe.

Jesus selbst hatte davon überhaupt nicht gesprochen. Einen Sühneopfertod für die Menschheit zu sterben, das hätte er vermutlich gar nicht verstanden, zumindest entsetzt von sich gewiesen. Er wusste wohl, dass er die religiösen Autoritäten in Jerusalem mit seinen Reden zu sehr herausgefordert hatte. Er ahnte, dass die Dinge für ihn auf eine tödliche Katastrophe zutrieben. Er hätte sicher noch fliehen können. Aber hätte er dann nicht seine Sache verraten, seine Rede von der Liebe Gottes, welche die Fesseln von Gehorsam und Gottesfurcht löst? Seine beißende Kritik am kapitalistischen Tempelbetrieb? Nein, und wenn sie mich umbringen, ich laufe nicht weg. So wird Jesus gedacht haben.

106

Und in dieser Stimmung hat er mit seinen Jüngern das Passahmahl gefeiert. Ganz in seiner jüdischen Tradition. Dass er aus dieser Feier ein Sakrament für alle Menschen gemacht haben soll, und zwar mit den »Einsetzungsworten« vom Fleisch-Essen und Blut-Trinken, ist heute klar als nachösterliche Konstruktion erkannt. Jesus hat das christliche Abendmahls-Sakrament, die Eucharistie, nicht in die Welt gesetzt. Das haben Jahre später jene Traditionsdeuter gemacht, die ihn zum Gottessohn erklärten. Viele Neutestamentler sind sich in diesem Punkt längst einig. Jesus hat mit seinen Jüngern aus dem Abend des Passahmahls eine Erinnerungsfeier gemacht, weil er glaubte, es sei vielleicht das letzte Mal, dass er mit den Gefährten speise und Wein trinke.

Für mich sind es aber längst nicht nur bibelkritische Einsichten, sondern ebenso die inhaltlichen Probleme, die es mir verwehren, den Christus-Mythos noch als gültige, weil einleuchtende Theologie zu verstehen.

Sühnetod heißt schließlich: Gott hat das qualvolle Sterben seines Sohnes am Kreuz ausdrücklich gewollt, weil nur so der sündhafte Abfall der Menschheit von ihm gesühnt werden könne. In der Vorstellungswelt der damaligen Priesterschaft reimt sich das dann so zusammen: Gott sieht sich von seinem Geschöpf ins Unrecht gesetzt. Und das kann er offenbar nicht auf sich sitzen lassen. Sein Recht muss gewahrt bleiben. Also ist eine Wiedergutmachung gefordert. Die kann nur durch ein gewaltiges Sühneopfer geleistet werden, das seines eigenen Sohnes. Auch in Luthers Rechtfertigungslehre ist dieser Hintergrund noch gegeben.

Das ist aber schlichtweg eine grauenvolle Vorstellung von diesem Gott. Im Hintergrund steht dann ja noch die Drohung: Wer dieses Sühneopfer Christi nicht anerkenne, werde nicht erlöst, komme in die Hölle oder bleibe zumindest in ewiger Gottesferne. Das aber kollidiert nun vollends mit dem, was ich bei Jesus gewahr werde. Besonders das Gebot der Feindesliebe ist mit diesem Gott nicht zu vereinbaren. Der wäre dann der einzige, der seinen Feinden nicht vergeben kann. Viele Theologen haben sich heute auch längst von der Sühnetodtheologie verabschiedet. Allerdings ist dieses krank machende Gottesbild aus unserer Gottesdienstliturgie und auch aus unseren Gesangbüchern offenbar nicht zu tilgen. Ich fürchte, das wird da alles noch in hundert Jahren so drinstehen.

Mir ist es einst durch Mark und Knochen gefahren, bei meiner Konfirmation mit 18 Jahren im *Rauhen Haus*. Mit anderen kniete ich auf einem Stützkissen vor dem dicken Probst in seinem schwarzen Talar. Der reichte mir einen silbernen Becher mit Wein. Seine Worte: »Nimm und trink. Christi Blut am Stamm des Kreuzes für dich vergossen.« Ich weiß noch, wie es mich durchfuhr: Was mache ich hier eigentlich? Blut trinken? Blut, das mich reingewaschen hat von Sünde und Schuld? – Ich habe seither niemals mehr an einem Abendmahl teilgenommen. Lange Jahre waren es Instinkt und Ekelgefühle, die mich davon abhielten. Heute ist das längst auch theologisch für mich klar. Ich wüsste nicht, warum ich mir ein Stück Gott einverleiben sollte, wo der doch längst in meiner Seele drin ist und mich in Zuneigung umschmiegt. Ich bin sicher, auch die christliche Religion muss etwas zum »Anfassen« haben, zum leiblichen Erfahren. Aber, bitte schön, das sollte dann kein archaischer Ritus sein, dessen theologische Grundlage sich längst in Luft aufgelöst hat.

Nun gibt es noch eine weiche Variante von Sühnetod. Die geht so: Jesus Christus hat sich selbst geopfert, aus freien Stücken, für uns Menschen. Aus Erbarmen. Bei Johannes heißt das zum Beispiel: »Der gute Hirte lässt sein Leben für die Schafe.«[82] Und Gott hat dieses Selbstopfer angenommen, indem er Jesus von den Toten auferweckte. Der Rest ist derselbe wie oben. Das alles wird bei vielen Theologen als Kreuzestheologie feierlich-trist ins Zentrum des Glaubens gerückt. In den neutestamentlichen Teilüberlieferungen, die noch am ehesten auf Jesus zurückzuführen sind, ist von alldem aber keine Rede. Nirgends sagt dieser Jesus: Ich werde am Kreuz sterben und ihr seid dann erlöst. Der Wanderprediger aus Nazaret verkörperte in seinen Taten und Worten, was es heißt, von Gott bedingungslos geliebt zu sein, was es heißt, von Furcht und hartem Gesetzesgehorsam befreit zu leben. Das ist sein Evangelium. Und einzig Gott steht darin im Mittelpunkt. Die religiöse Freiheit, die er damit eröffnete, hat viele Leute ergriffen und unruhig werden lassen. Das hat den römischen Statthalter Pilatus nervös gemacht. Vielen Tempelpriestern und Schriftgelehrten hat es Angst eingejagt. »Wenn gelten sollte, was Jesus sagte und tat, dann verloren die Gesetzeslehrer in den Dörfern ihre moralische Autorität, die Synagogen als normgebende Instanzen ihre Funktion. Die Priester am Tempel, die das Ritual für Buße und Vergebung hüteten, sahen die Entleerung aller rituellen Ordnungen« (Jörg Zink)[83]. Deswegen musste Jesus weg. Er starb einen Märtyrertod.

Und die Auferstehung? Die entsprechenden Evangelientexte haben eindeutig legendarischen Charakter. Das zeigt jeder synoptische Vergleich. Für den Historiker sind die Texte eine einzige Verlegenheit. Und dennoch: Jesus hat die Auferstehung erfahren – wie sie jeder Mensch im Augenblick seines Todes individuell erfährt. Davon bin ich überzeugt. Aber dazu komme ich später.

Und da haben wir nun vier Elemente des Christus-Mythos: Gottessohnschaft, Sühnetod, Auferstehung und leibliche Kommunion (Abendmahl, Eucharistie). Mögen diese Elemente einst wenigstens mittransportiert haben, worum es Jesus selbst ging, so sind sie heute weithin erstorben. Das Abendland ist aus diesem Mythos offenbar schon fast herausgefallen, so wie Athen und Rom in der Spätantike aus ihren Göttermythen herausgewachsen sind. Die Vergottung Jesu kommt an ihr Ende. Die Menschen können mit einem leiblichen Gottessohn nichts mehr anfangen. Die meisten haben schon mit Gott selbst ihre Probleme. Spricht man von Jesus, hört mancher noch hin. Beim Gottessohn Christus gehen »die Rollläden« runter. Das ist Erfahrung in den anspruchsvolleren Gesprächen, die man hier und da noch unter Freunden und Bekannten führen mag. Wer den Christus-Mythos heute noch als das Zentrum des christlichen Glaubens verkündet, muss sich fragen, ob er die Leute nicht daran hindert, zu dem Gott Jesu zu finden. Praktisch wirkt die Christologie wie eine

Basta-Formel. Sie passt immer und schließt das kirchliche Denken zu wie eine Tür. Eine Verschlussformel sozusagen. Amen, wir haben gesprochen!

Zugegeben, manche Christen können sich heute gar nicht vorstellen, dass man Christ sein kann, ohne an den Gottessohn Christus zu glauben. Und es gibt ja auch die Christus-Mystik, wie sie Paulus in einigen Stücken entfaltet: »Denn so lebe nun nicht ich, sondern Christus lebt in mir.«[84] Doch wo ist der Unterschied, wenn jemand bekennt »So lebe nun nicht ich, sondern Gott lebt in mir«? Gottesmystik! Nur ein Streit um Worte?

Aber ich kenne durchaus auch die Kraft, die im Christusglauben stecken kann. Dazu diese kleine Geschichte: Ein Hausnachbar in früheren Jahren. Er wurde arbeitslos, verfiel dem Alkohol, ließ sich gehen, Familie kaputt, Haus weg. Ein einziges Elend. Niemand kam an ihn heran, um ihm zu helfen. Eines Tages aber ist der Mann wie verwandelt. Er hatte sich Knall auf Fall zu Christus bekehrt. Ganz klassisch im Zelt eines evangelikalen Erweckungspredigers. Und von da an ging es rasch aufwärts. Er hatte Erfolg im Geschäftsleben, kleidete sich adrett, las eifrig in der Bibel und kehrte in ein bürgerliches Leben zurück. Ich habe mich in unseren späteren Gesprächen gehütet, ihm mit historischer Bibelkritik zu kommen. Er hatte zu seiner Art des Glaubens gefunden. Mit erstaunlichen Konsequenzen. Das darf man ihm nicht nehmen wollen. Schade nur, dass er darin andere Weisen des Glaubens überhaupt nicht zulassen konnte.

Ich habe kein großes Problem damit, Christen gelten zu lassen, die an den Gottessohn Christus und seinen Opfertod für die Sünden der Menschheit glauben. Ich kann solches aus den dargelegten Gründen nicht mehr nachvollziehen, würde deswegen aber niemandem sein Christsein absprechen. Umgekehrt aber erwarte ich das ebenso, zumal ich doch sehe, wie schwer sich andere heute ebenfalls mit diesem Dogma vom Gottessohn Christus tun. Doch dass jemand sagt, er glaube, nicht anders, als Jesus selbst geglaubt habe, an den Gott der Liebe eben als Zentrum des Evangeliums, das können unsere mancherlei

Glaubenswächter nicht akzeptieren: »Die sogenannten liberalen Interpretationen des Evangeliums, die sich selbst als progressiv definieren, sind in Wirklichkeit subversiv. Das gemeinsame Bekenntnis zu Christus als dem einzigen Erlöser der Menschheit darf durch solche Ansätze nicht entleert werden.« Mit solcher Feststellung steht Kardinal Walter Kasper wahrlich nicht allein da. Das hätte ein evangelischer Bischof kaum anders formuliert. Und das ist das Problem. Einander als Christen in unterschiedlichen Auffassungen gelten zu lassen, das ist bei Kirchenverantwortlichen und Wächtern der rechten Lehre nicht drin. Entweder – oder. Christ oder Ungläubiger! Tertium non datur, ein Drittes gibt es nicht, so lautet die Devise. Anders denkende Glaubensgenossen werden ausgegrenzt und abgeschrieben. Abzusehen ist dabei allerdings schon, dass die Glaubenswächter eines Tages nur noch unter sich sind. Denn sowohl die gelebte Christus-Mystik als auch plötzliche Bekehrungen zu Christus sind heute seltene Ausnahmen. Offensichtlich ist: Der Satz, »Jesus ist der Gottessohn Christus«, ist nur im Glauben real. Will man ihn als religiöses Symbol verstanden wissen, so muss man zur Kenntnis nehmen: Ein solches Symbol ist der großen Mehrzahl der Menschen in der Zeit unseres Epochenwechsels nicht zugänglich. Es schließt nichts auf, erzeugt keine religiöse Resonanz.

Das Theater der Dreifaltigkeit

Auf komplizierte Weise einfach wird es nun aber, wenn der Christus-Mythos in das Dogma vom dreifaltigen Gott einrückt. Diese im vierten Jahrhundert kirchlich sanktionierte Glaubenskonstruktion besagt, dass Gott selbst in Christus Mensch geworden ist. Wir haben also nicht zwei Götter, Vater und Sohn, sondern Gott hat in Christus nur eine andere Gestalt angenommen. Wahrnehmen und verstehen kann der Mensch das wiederum nur mit Hilfe der dritten Gestalt, die der eine und einzige Gott ebenfalls annehmen kann, der des Heiligen Geistes. Ein Gott also in drei Gestalten oder in drei Erscheinungsweisen

111

oder auch nur in drei verschiedenen Formen? Der ursprüngliche Person-Begriff im Dogma stammt aus der griechischen Theaterwelt. Auf der Bühne haben sich die Schauspieler damals Masken vor das Gesicht gehalten. Diese charakterisierten oder typisierten die Person, die sie spielten. Diese Masken hießen dann bei den Römern »personae«. Versteht man das Dreifaltigkeitsdogma vor diesem Hintergrund, kann das nur heißen: Der eine Gott setzt im Umgang mit uns Menschen drei verschiedene Masken auf. Hinter diesem Dogma steckt eine imponierende Gedankenarbeit, die damals mehrere namhafte Theologen vor allem in Kleinasien geleistet haben.

Jetzt wird auf einmal alles sehr einfach: Ist es doch im Letzten Gott, der eine und einzige, der sozusagen alles selbst wirkt: Schöpfung, Gut und Böse, Offenbarung, Menschwerdung, Liebespredigt, Tod, Auferstehung und Erlösung. Mit anderen Worten: Inszeniert ist das allzeit gegenwärtige Geheimnis unserer Existenz. Ich kann von hier aus direkt in die Mystik eintauchen. Darauf komme ich noch zu sprechen. Aber ich bin ebenso überzeugt, für gottsuchende Zeitgenossen ohne fachtheologischen Hintergrund ist die Dreifaltigkeitslehre zu weit weg von ihrem Erfahrungshorizont. Damit ist es vorbei. Die Lehre ist zu kompliziert, wenn man die Zusammenhänge nicht kennt. Sie wurde vor allem zu oft missverständlich gehandhabt, als ob Gott tatsächlich aus drei individuellen und von einander unabhängigen Personen bestehe. Heute verstehen normale Zeitgenossen nur noch »Bahnhof«, wenn man ihnen damit kommt. Dass das gesamte kirchliche Reden trotzdem ständig nur »im Namen des Vaters, des Sohnes und des Heiligen Geistes« geschieht, halte ich für unverzeihlich falsch. Eine weitere kirchliche Basta-Formel. Sie lässt die Leute innerlich abschalten und vertreibt sie aus den Kirchen. Und Jesus, wenn man ihn damals gefragt hätte, ob er die zweite Person der heiligen Dreifaltigkeit sei, hätte wohl gedacht, er sei im falschen Film.

MEIN JESUS-KONSTRUKT

Revolution im Morgenrot

Gott ist König in der Seele

Aber was hat Jesus denn eigentlich selbst gesagt und getan? Was war sein ureigener Gottesglaube? Es ist, wie gezeigt, bei unseren Einsichten in die Entstehungsgeschichte der Evangelien schwer geworden, hier etwas als gesichert festzuhalten. Wie haben eben nur Bekenntnisse von Menschen, die ihn vielleicht erlebt hatten, zumeist aber nur von ihm gehört hatten. Sie zitieren Jesus, erzählen von ihm und berichten, was dieser Mann in ihnen bewirkt und verändert hat. Und das tun sie in griechischer Sprache, nicht in der aramäischen Muttersprache Jesu. Und das tun sie in religiösen Denkweisen ihrer Zeit, auch ihres Zeitgeistes! Wenn wir diese Bekenntnisse miteinander vergleichen und wenn wir unsere historisch-kritischen Methoden auf sie anwenden, wird klar: Ob ein Wort oder ein Gleichnis wirklich von Jesus stammt, können wir in keinem Fall mehr mit Sicherheit sagen. Vielmehr ist eine Festlegung »immer von Vorentscheidungen über den Gesamttenor der Jesusverkündigung abhängig«. Dieses Resümee des katholischen Religionspädagogen Helmut Jaschke bringt die Sache auf den Punkt.[85] Im Studium hieß das »Hermeneutik« und war schrecklich kompliziert.

Nirgends in den Evangelien steht wörtlich, dass Gott jedem von uns in bedingungsloser Liebe zugetan ist. Einen so abstrakten Satz hätte kein Evangelist hingeschrieben. Nirgends ist ausgesprochen, dass Jesus die unbedingte Liebe Gottes ins Zentrum seiner Verkündigung gestellt hat. Nirgends ist die Rede davon, dass die »Gerechtigkeit Gottes« bei Jesus völlig in den Hintergrund gerückt ist. Und dennoch verbinde ich genau dieses mit seiner Erscheinung. Dieses Bild mache ich mir von ihm. So klingt der »Gesamttenor« seiner Taten und Worte für mich, wenn ich den christologischen Generalbass seiner Interpreten ausblende. Damit bringe ich mich aber auch selbst ein in die Texte. Und so wird Bibel für mich zur Offenbarung, wenn es um Jesus geht. Ich kann nicht garantieren, dass das stimmt. Es ist meine Vorentscheidung, mein Konstrukt, wenn man so will. Aber ich habe eine Menge Anhaltspunkte dafür. Und ich habe ja schon auf die vielen Theologen hingewiesen, die das genau so oder ähnlich beurteilen. Außerdem: Für mich ist da ja auch Gott mit im Geschehen. Das ist dann ein schillerndes Wechselspiel. Ich verstehe Gott von Jesus her, aber auch Jesus von Gott her. Gleichwohl glaube ich letztlich nicht an den geschichtlichen Jesus, sondern ich vertraue dem Gott, in den Jesus mich hineingeworfen hat. Jesus ist Geschichte, aber sein Gott ist meine Gegenwart, und das in *meinem* Zeitalter.

An dieser Stelle muss ich aber kurz von meiner jüdischen Freundin, der Professorin Ruth Lapide sprechen. Denn dann wird es kompliziert mit dem geschichtlichen Jesusbild. Diese jüdische Theologin hat die christlich-jüdische Verständigung auf ihre Fahne geschrieben. Sie gehört zu den wenigen jüdischen Gelehrten, die sich wirklich intensiv mit dem »Buch der Christen«, dem Neuen Testament, auseinandersetzen. Zwar könne jeder Jude Jude sein, betont sie, ohne auch nur eine Seite im Neuen Testament gelesen zu haben. Umgekehrt aber könne kein Christ seinen Paulus und die Evangelisten verstehen, ohne das Alte Testament zu kennen. Und schließlich sei Jesus eben selbst Jude gewesen, womit wir dem sonderbaren Umstand Rechnung zu tragen hätten, dass der Vertreter einer alten Religion, der jüdischen, der Heiland einer anderen, der christlichen, geworden sei. Weil aber diese Nähe und Vermischung in der Geschichte seither zu vielen, oft tödlichen Auseinandersetzungen und Missverständnissen zwischen Christen und Juden geführt hat, muss man, sagt Lapide, genau hinsehen, wer denn dieser Jesus eigentlich war.

Und da wird es dann dramatisch. Denn Ruth Lapide vernimmt einen ganz anderen Grundtenor in der Jesus-Überlieferung als ich.[86] In unseren vielen spannenden Streitgesprächen hat sie mir allerdings klar belegt: Manche Worte Jesu sind im Griechischen missverständlich übersetzt, mit oft schlimmen Folgen für die Juden. Darüber hat sie gemeinsam mit ihrem Mann Pinchas Lapide viele Bücher geschrieben, bevor der 1997 starb.[87] Aber erstaunlicher als Übersetzungsfehler sind Erkenntnisse wie diese: Wichtige Sätze des Wanderpredigers aus Nazaret sind im zeitgenössischen Judentum auch bei anderen Lehrern und Autoren nachzuweisen. Zum Beispiel bei Gamaliel, bei dem ja noch Paulus im Seminar gesessen hatte, bevor er ein Jahrzehnt später Christ wurde.[88] Besonders das Antithesen-Muster, dem Jesus in der Bergpredigt folgt, das berühmte »Ich aber sage euch«,[89] ist nachweislich Bestandteil der unter Schriftgelehrten damals üblichen Streitkultur gewesen.

Gerade aber diese Antithesen der Bergpredigt sind für viele historisch-kritische Theologen der letzte Aufhänger dafür, dass Jesus doch noch als der Gottessohn Christus verstanden werden könne. In Worten wie diesen werde eine »Christologie in nuce«, im Kern, offenbar. Dieser Jesus spreche und handle in einer Vollmacht, die nur einem zukomme, der direkt von Gott herkommt. Auch in seinen Wunderheilungen werde dies deutlich. In ihm selbst sei offenbar das »Reich Gottes« schon da, dessen vollendetes Kommen er verkündigte.[90] Ich habe solche Argumentation schon im Studium für eine unbegehbare Hilfskonstruktion gehalten. Geht es nach Lapide, ist es sozusagen ganz Essig damit. Jesus habe überhaupt keine neue Lehre gebracht, sagt die Theologin. Der Mann aus Nazaret sei vielmehr Anhänger einer der sieben großen Pharisäer-Schulen gewesen, die es damals gab. »Alles was er sagte und tat, einschließlich seines beachtlichen Sonderguts, bleibt im Rahmen des zeitgenössischen Judentums«, fasst Lapide ihr Jesusbild zusammen.

Das aber kann ich dann doch nicht nachvollziehen. Ich bin vielmehr sicher: Der Jude Jesus hat in seiner Religion damals eine Revolution

115

angezettelt. Das beginnt schon damit, dass er sein Reden und Handeln in einem Gottesbild begründet, das keine zeitgeschichtlichen Parallelen aufweist. Es klang vielmehr zu seiner Zeit recht altertümlich, war aber für ihn unmittelbare Gegenwart: das »Königtum Gottes«, hebräisch »Malkut Jahwe«. Dieses Bild kommt gelegentlich bei den alten Propheten und in einigen Psalmen vor. Jesus erneuert es: »Die Zeit ist erfüllt. Die Königsherrschaft Gottes ist nahe herbeikommen. Wendet euch hin zu ihr.«[91] Diese Behauptung Jesu gehört zu dem Sichersten, was wir von ihm wissen. Und: Der Mann aus Nazaret hat den endgültigen Anbruch dieser Gottesherrschaft auch noch zu seinen Lebzeiten erwartet. Das heißt, er lebte in einer Stimmung, wie wir sie als Schüler in den zwei, drei Wochen vor den großen Ferien hatten. Die waren noch nicht angebrochen, aber unser Schulalltag war von dem künftigen Ereignis schon durchdrungen, alles war lockerer und leichter zu ertragen gewesen. Ein merkwürdiger Zustand zwischen »noch nicht« und »aber demnächst«. Er gibt manchen Taten und Worten Jesu eine Spitze und eine Radikalität, die wir heute nicht mehr nachvollziehen können. Beispielsweise in manchen Antithesen der Bergpredigt.

Dennoch: Jesus hat in der Morgenröte der »Gottesherrschaft« vier große Umwälzungen in seiner Religion vollzogen, die im Prinzip heute so aktuell sind wie damals. Ich möchte sie im Folgenden skizzieren, samt den Folgerungen für unsere Zeit, beispielsweise in der politischen Theologie oder in der Auferstehungsfrage.

Aus der Quelle trinken

Gottes Kommen spielt sich zunächst in der Seele des Einzelnen ab. Sie ist der wichtigste Teil seines Königreiches. Die »Gottesherrschaft« ist für Jesus vor allem eine geistige, eine spirituelle Größe. Die materiell-politische Konsequenz, der Umsturz aller bedrängenden Verhältnisse, ist eine spätere Folge. Sie geschieht, wenn Gott vollends und für alle sichtbar das Regiment in Israel übernommen hat.[92] Aus der griechischen Übersetzung von »Malkut Jahwe«, sie lautet »basilea tou theo«, ist leider nur der geografisch-politische Aspekt herauszuhören, das König-*Reich* Gottes. Das unterschlägt das seelische Geschehen im einzelnen Menschen. Immer wieder aber wendet sich Jesus dem Einzelnen zu, der als Kranker oder als »gottvergessener« Sünder vor ihm steht. In diesem will Gott König werden, das Reich seiner Seele will er in Besitz nehmen, sagt Jesus. Über sechzig Jahre später interpretiert der Evangelist Lukas diese Haltung mit den Worten »Entos hümon estin«, in euch drin ist Gott.[93] Dabei hatte Lukas durchaus beide sprachlich möglichen Bedeutungen dieses Satzes im Blick: Gott will »in euch drinnen« König sein, und wenn er in jedem Einzelnen da ist, ist er also auch »mitten unter euch«.

Wenn Gott in der Seele König wird, dann regiert er auch, sagt, was Sache ist. So sieht es Jesus. Dem soll sich der Mensch in kindlicher Arglosigkeit anvertrauen, soll hören auf die Stimme Gottes in seinem Herzen. Dann wird die Tradition nebensächlich, vor allem die als heilig verehrte Tora, die fünf Bücher Mose mit ihren Hunderten von Gesetzen und Strafandrohungen, das große Eingangstor zum Alten Testament, die Gründungsurkunde des Judentums gewissermaßen. Lass sie weg, sagt Jesus. Ganz wie einst der Prophet Jesaja riet: «Vertieft euch nicht in das Alte, ich mache Neues, jetzt kommt es ans Licht.«[94] Und Jeremia lässt Gott sagen: »Ich lege mein Gesetz in sie hinein und schreibe es in ihr Herz. Keiner wird mehr den anderen belehren. Sondern alle werden mich erkennen.«[95] Somit: Wenn Gott in der Seele regiert, braucht es keine Vermittlung mehr von irgendeiner äußeren Autorität. Gott ist doch da, was kann es Wichtigeres geben? Der Nazarener verkündigt nichts anderes als den nahen Gott, seine ständige grundgütige Gegenwart ohne Vermittlung und ohne Verhaltensregeln. So bricht Jesus auch immer wieder mit den alten äußeren Ordnungen. Er, der Gottesmann, lebt in schlechter Gesellschaft. Er öffnet den Verlorenen die Augen für die Gegenwart der erlösenden Macht Gottes. Du bist unmittelbar zu Gott, der dir gut ist. Das war seine Botschaft. Dabei hat er auch sich selbst nicht als Mittler aufgespielt. Willigis Jäger sagt es so: Jesus hat dazu eingeladen, direkt aus der Quelle zu trinken, statt sich von den Religionsfunktionären, die im Fluss stehen, das Wasser reichen zu lassen und an die Quelle nur zu glauben.

Strafgott ade

»Was nennst du mich gut«, herrscht Jesus bei Markus den reichen Jüngling an, »niemand ist gut außer Gott allein.«[96] Wie kommt der Prediger aus Nazaret nur zu solcher Behauptung? Er muss doch aus seiner Bibel, dem Alten Testament, auch von dem zornigen, strafenden und moralisch unberechenbaren Gott gehört haben. Von dem Gott, der zum Beispiel einfach beschließt, seine sündig gewordene Menschheit, seine Geschöpfe allesamt in einer Sintflut zu ersäufen. Wobei er dann, unberechenbar wie er ist, einzig die Sippe Noah wieder davon ausnimmt. Es gibt ein Wort Jesu, das nur Lukas überliefert, ein «Sondergut« also, das deswegen nicht gerade Anspruch auf Authentizität hat: »Ich sah den Satan vom Himmel fallen wie einen Blitz.«[97] Wer immer das Jesus in den Mund gelegt haben mag, es gibt eine treffliche Begründung dafür ab, wie der Nazarener zu der Überzeugung gekommen ist, Gott sei nur gut. Satan, sein Gegenspieler, habe nichts mehr zu sagen. Natürlich kann Jesus die absolute, also von Satan losgelöste Gutheit Gottes auch ohne diese Vision in seinem Herz vernommen haben, dort, wo Gott spricht. Jedenfalls ist dies, so heißt es in einem Gleichnis, »die kostbare Perle, der Schatz im Acker«,[98] den es um jeden Preis zu gewinnen gilt. Das innere Gewiss-Sein: Gott ist uns nur gut.

Die wichtigste Konsequenz daraus: Die ganze anarchische Strafgerechtigkeit Gottes ist bei Jesus in der »Malkut Jahwe« aufgelöst. Deswegen war er sicher: Gottlose Zeitgenossen, die sich um das Gesetz nicht scheren, stehen genau diesem Gott näher als die Frommen. »Er war«, schreibt der Neutestamentler Kurt Niederwimmer, »ein Freund der Sünder, ein Freund und Genosse derer, die im Widerspruch zu dem im Gesetz niedergelegten Willen Gottes lebten.

Schon die Leute, die ihn umgeben, machen ihn verdächtig: Fischer, Zöllner, Frauen, Kinder, solche, die sich um die Tora nicht kümmern wollen oder nicht kümmern können. Die beiden Gleichnisse vom verlorenen Schaf und vom verlorenen Groschen[99] behaupten in provokanter Weise, dass Gott an den Sündern ein größeres Interesse hat als an den Gerechten. Man darf sich nicht damit helfen, dass man an den Sünder denkt, der umkehrt. Im Gleichnis läuft Gott den Verlorenen nach, er kehrt um, er sucht, findet und freut sich.« Letztlich, so Niederwimmer, betreibt Jesus den »Exodus aus dem Tora-Gewahrsam, einem Gott entgegen, der an das Gesetz nicht mehr gebunden ist«.[100] Wenn das keine Revolution ist! Die Situation, mit der Jesus konfrontiert war, ähnelt dabei durchaus jener, aus der auch Buddha sich lösen wollte: Ein alles beherrschender Formalismus und eine Manipulation religiöser Bedürfnisse des Volkes durch eine starke Priesterkaste. Zugegeben: Es gibt auch ganz andere Sätze Jesu, besonders bei dem Judenchristen Matthäus, Sätze, die genau das Gegenteil behaupten. Und späterhin im Neuen Testament wird ja Jesus Christus selbst zum Richter an Gottes Seite verklärt, der mit dem Schwert in der Hand seine Urteile spricht. Das passt nicht zusammen. Auch wenn Theologen heute immer noch mit raffinierten exegetischen Kunstgriffen versuchen, solche Gegensätze zu harmonisieren. Das ist Krampf und es wird unredlich. Man muss sich entscheiden – mit guten Begründungen.

Und manchmal kann das dann auch ganz merkwürdig laufen mit einer solchen Entscheidung. So zum Beispiel bei dem eben zitierten Wiener Theologen Niederwimmer. Sein »Jesus« erschien 1968. Es war lange vor Eugen Drewermann der Versuch, die Überlieferung in den Evangelien mit tiefenpsychologischen Methoden abzuklopfen. Das schmale Bändchen kam mir damals kurz vor meinem Examen vor wie eine Offenbarung. Ich kann heute noch ganze Passagen auswendig. Über drei Jahrzehnte später, ich rief einfach mal in Wien an, wollte um einen Artikel für *Publik-Forum* bitten, sagt der alte Herr: »Ich stehe nicht mehr zu dem Jesus-Buch.« – Auch eine Entscheidung.

Für mich bleibt sein Jesus-Buch gültig, wie viele ähnliche Bücher anderer Autoren auch. Und meine Entscheidung lautet: Jesus hat den Strafgott abgeschafft. Und genau das ist sein Evangelium. Seine froh machende Botschaft: Erlösung »als Befreiung von einem bedrohlichen und Furcht verbreitenden Gottesbild« (Harald Pawlowski). Wir können darauf vertrauen: Gott ist nur gut, er kann nur lieben. Gleich, was du tust oder getan hast, Mensch, Gott ist auf deiner Seite. Vertraue ihm und du wirst dich als angenommen erfahren. Diese Überzeugung Jesu verewigt später der Evangelist Lukas in seinem goldenen Gleichnis vom verlorenen Sohn.[101] »Da finden wir das Gesicht des bedingungslos liebenden Gottes, den Jesus verkündet und bezeugt hat, von dem er aber als Person deutlich unterschieden bleibt« (Jörns).

Dazu passt dann auch, dass die Worte »Gnade« und »Gehorsam« in der Jesus-Überlieferung schlicht fehlen. Gnade zu gewähren ist eben ein hochherrscherlicher Akt und setzt die Gesetzesreligion, ihren Rechtsinhaber, Gott, dessen Gerechtigkeit und Straffähigkeit voraus. Gottes Gutsein, das sich in unbedingter Liebe zu jedem Menschen äußert, ist etwas ganz anderes als Gnade.

»Gottesfürchtige« Menschen, die ja in der Bibel oft durchaus als wahrhaftig und Gott wohlgefällig gelobt werden, können das sicher schwer nachvollziehen. Es klingt ihnen zu sehr nach süßlicher Realitätsferne, individueller Beliebigkeit und Anarchie. Es bleibt ja auch vollkommen offen, wie Gott in seinem Nur-lieben-Können mit dem Bösen in uns Menschen umgeht. Und was geschieht eigentlich mit den Massenmördern, Kriegstreibern, den großen und kleinen Menschenschindern? Was gar mit Hitler, Stalin und Konsorten? Und wie soll den unendlich vielen Opfern brutalster Gemeinheiten jemals Gerechtigkeit widerfahren?

Ich weiß keine Antwort. Ich denke nur, Gott wird anders handeln, als wir das in unseren Empfindungen und Denkweisen für richtig und gerecht halten. Er wird die uns unergründlichen »Strukturen des Bösen«[102] auflösen. Einen Hitler kann er nicht »begnadigen«, denke ich. Aber wenn er ihn in die Hölle schickte, handelte er nicht anders, als wir Menschen es tun würden. Nein: Gnade und Gerechtigkeit sind keine Kategorien Gottes. Dafür nehme ich Jesus zum Pfand.

Mitten unter uns, das Reich?

Gott wird in absehbarer Zeit in Israel ein Reich des Friedens und der irdischen Gerechtigkeit errichten. Darauf können sich besonders die Armen, Ausgestoßenen und die Gottfernen freuen. Selig sind sie.[103] Davon war Jesus überzeugt. Aber darin hat er sich offenkundig getäuscht. Das sichtbare Reich Gottes ist noch heute nicht gekommen. Jesus war hier eindeutig Kind seiner Zeit. Es gab lange vor ihm und auch nach ihm ein brennendes Erwarten und Hoffen auf einen Messias. Der sollte das in der Welt bereits verborgene Reich Gottes aufdecken, griechisch: apokalyptein. Auch Jesus lebte in dieser Nah-Erwartung. Für ihn war sie Bestandteil seiner inneren Erfahrung vom Königsein Gottes.

Später lag es auch hier nahe: Solche Erwartungshaltung wurde nach dem Tod Jesu auf diesen selbst als den wiederkommenden Christus projiziert. Von dieser Wiederkunft des Christus-Messias handelt dann das hitzige Theater der »Apokalypse«, der Offenbarung des Johannes. Für mich sind das alles Gräuelvisionen, entsprungen der Fantasie von Christen in Kleinasien, die damals schwer unter den Verfolgungen durch die römischen Behörden litten. Und immer wieder »Armageddon«, der Ort, an dem die biblische Endschlacht zwischen Gut und Böse toben wird, bevor das Reich Gottes kommt.[104] Der Name Armageddon meint die frühere Stadt Megiddo, die auf einem *Hügel* (aramäisch *Har* – Megiddo) im Norden der Jesreel-Ebene lag, zwischen dem judäischen Gebirgszug, dem Massiv Karmel und den Hügelketten Galiläas. Dort prallten seit Urzeiten immer wieder die Heerscharen und Streitwagen aus Ägypten, Syrien, Kleinasien und Mesopotamien aufeinander. Dort hatte man wenigstens Platz, sich gegenseitig fachgerecht niederzumetzeln. Genau dort soll die apokalyptische Endschlacht stattfinden, mitten im heutigen Israel. Die Bewohner der Ebene würden sich bedanken. Ich glaube, das kann man heute alles vergessen. Mit Jesus hat das jedenfalls nichts zu tun.

Die alte messianische Reich-Gottes-Vision hat aber noch auf andere Weise Sprengkraft entfaltet. Wenn Gottes irdisches Königreich nicht kommt, liegt das daran, dass wir Christen nicht genug dafür tun. So geht die Parole. Wir müssen dem Reich Gottes auf Erden entgegenarbeiten. Da wird der Glaube dann politisch. Sätze wie »Gott hat keine anderen Hände als deine« (Sölle) werden auf diese Weise leicht für eine Reich-Gottes-Ideologie missbraucht. Ich halte es für eine Überforderung des Menschen, am Kommen des Gottesreiches mitwirken zu wollen. Das lag auch überhaupt nicht in der Absicht Jesu. Auch nicht, wenn einige »seiner« Worte bei Matthäus und anderen in diese Richtung zu weisen scheinen. Zugegeben allerdings: Bei den alten Propheten findet sich manches, aus dem sich eine zünftige Reich-Gottes-Theologie zimmern ließe. Doch haben wir die Zeit längst wieder hinter uns, in der Menschen dachten, sie könnten die Welt grundlegend neu gestalten. »Die Zeit, in der Kirchen das eschatologische Segel aufzogen und der Politik messianische Allüren anpredigten« (Kuitert).[105]

Und bis heute ist es meistens gründlich schiefgegangen, wenn Christen richtig politisch wurden. Aus der Rückschau gesehen standen sie dann mehrheitlich und vor allem auch amtlich, denke ich, fast immer auf der falschen Seite. Allein in der Neuzeit: Bei den Großgrundbesitzern im Zarenreich, bei den Kriegsbegeisterten im Ersten Weltkrieg, bei den Antidemokraten in der Weimarer Republik, bei den Diktatoren in Deutschland, Italien, Spanien und Südamerika. Auch wir jungen Sozialisten in den 68ern, zumeist Mitglieder der Evangelischen Studentengemeinden, lagen mit unserem Sozialismus falsch. Am Ende entpuppte der sich für alle sichtbar als menschenverachtende Ideologie. Und heute, im Jahre 2007, ist es der große »wiedergeborene Christ« in Washington, der besonders den islamistischen Terrorismus in aller Welt hochzüchtet. Dabei will er doch nur mit seiner Armee in einem islamischen Land die Demokratie einführen. Mit dem Geld, das er für den mörderischen Krieg im Irak ausgibt, hätte er das

Land ohne Gewalt spürbar aus der Armut herausführen können. Diese ist es doch, die immer mehr arbeitslose junge Männer dort zu den Sprengsätzen greifen lässt. Vielleicht sollte der große Bushkrieger schon mal bei Armageddon in Stellung gehen.

Aus dem Königsein Gottes im Herzen ergibt sich für Jesus ganz selbstverständlich die Nächstenliebe. Er erweitert sie sogar in die Feindesliebe, das mitempfindende Hineinversetzen in die Seelen jener Mitmenschen, die man wegen ihrer Überzeugungen und Taten nicht ausstehen kann. Aus dem »Gott ist in euch drin«, ergibt sich, dass Gott auch »mitten unter uns« ist. Er ist in unserer Gemeinschaft zugegen, in der Gruppe, in Dorf, Stadt, Land und überhaupt auf der ganzen »bewohnten Erde«, griechisch: Oikumene. Das zu realisieren heißt immer auch politische Theologie zu treiben – und zwar nach dem Maßstab von Nächsten- und Feindesliebe, als Einsatz für die Armen, Gepeinigten und Ausgebeuteten. Ebenso für Menschen, die sich nach Gottes Liebe sehnen und nicht wissen, wo sie wächst. Das alles aber gewiss nicht in der hybriden Absicht, dem Reich Gottes entgegenzuarbeiten.

Und für Mitteleuropa tun sich da heute gleich zwei gewichtige Probleme auf: Zum einen sind viel zu wenig Menschen da, die wirklich aus Gott leben und Kraft schöpfen können für nachhaltige Nächstenliebe. Die Verkündigung der Kirchen überzeugt offensichtlich kaum mehr. Zum anderen müssen wir registrieren: Viele Zeitgenossen setzen sich heute im In-und Ausland als barmherzige Samariter ein, obwohl sie gar nicht an den Gott Jesu glauben. Wie dieser Gott ja übrigens auch im dem von Lukas selbst stammenden Gleichnis vom barmherzigen Samariter gar nicht vorkommt.[106] Fazit: Auch der Humanismus kennt Mitempfinden, Liebe und Barmherzigkeit. Christen haben solche Werte schon lange nicht mehr gepachtet.

Von daher gibt es für mich heute in Deutschland eine Spielart von politischer Theologie, die oft unerträglich ist. Führende Repräsentanten des Christentums glauben, sie hätten die stärksten Werte und Motive für die politische Gestaltung der Welt im Rucksack. Sie tun so, als ob sie die ethischen Spielregeln für die ganze Gesellschaft vorgeben können. Entsprechend laut melden sie sich zu Wort. Fordern vor allem in der Wirtschaft und im Sozialleben mehr Gerechtigkeit und Barmherzigkeit ein. In ihren kircheneigenen Betrieben aber, in Caritas und Diakonie vor allem, müssen sie diese Werte selbst den Regeln des gnadenlosen Kapitalismus unterwerfen: Vergütungen kürzen, Abteilungen kostensparend outsourcen, Gewerkschaften aussperren, kurz all die Grausamkeiten mitmachen, die heute im Neoliberalismus als unumgänglich angesehen werden. Das lässt viele politische Stellungnahmen solcher Bischöfinnen und Bischöfe bigott aussehen.

Dieses Verhalten steht überdies in einem grotesken Missverhältnis zu der realen, der religiös-spirituellen Situation unter den Christen im Land. Die sind heute in ihrer großen Mehrheit Gott-lose und Gott-suchende Heiden. Das belegen Studien immer aufs Neue. Aber das verdrängen unsere eifrigen »Tagesschau-Theologen«. Eine unglaubliche Wahrnehmungsverweigerung ist da am Werk. Katholisch versteht man sich offiziell als »die einzig wahre Kirche« und wähnt diese im Volk fest verankert. Evangelisch will man Profil bilden und streicht doch nur hohle Fassaden an. Man glaubt scheint es, man spreche jeweils tatsächlich für 25 Millionen Kirchenmitglieder. Man merkt: Mit Gott kommt man in den überlieferten Formeln und Bildern nicht mehr an. Also redet man von gesellschaftlichen Problemen. So wird Politik als Ersatz für Seelsorge betrieben.

Jesus, Paulus und die Esoterik

Die Toten leben

Merkwürdig: Einerseits erwartete Jesus das baldige Sichtbarwerden des Königtums Gottes auf Erden, das Reich des Friedens und der Gerechtigkeit. Ein Reich in Zeit und Raum. Anderseits galt für ihn die

Auferstehung der Toten als selbstverständlich. Das können wir seinen Streitgesprächen mit den Sadduzäern, den Vertretern der Tempelaristokratie entnehmen. Diese sagten: Wer tot ist, bleibt tot.[107] Das wichtigste Argument, das Jesus ihnen entgegenhielt: »Gott ist ein Gott der Lebenden und nicht der Toten.« Damit meint er, Gott lasse niemanden im Tod. Aber die Auferstandenen würden dann ja wohl im irdischen Reich Gottes neu leben? Oder wie ist Jesus da zu verstehen? Sagt er nicht selbst, er werde wohl erst im kommenden Reich Gottes wieder »vom Gewächs des Weinstocks trinken«?[108] Somit: Menschen von Fleisch und Blut leben in Frieden und Gerechtigkeit auf einer Erde mit dann zig Milliarden Bewohnern? Ein für mich befremdlicher Gedanke.

Dabei gab es auch zur Zeit Jesu die jüdische Überzeugung, dass Gott dieses Reich seinem Messias anvertrauen werde. Was für eine Vision! Denn das müsste dann ein Mensch sein, der mehr zustande bringt als alle bisherigen und jetzigen Regierungen auf dieser Erde zusammen. Die ersten Christen haben das ihrem wiederkommenden Heiland tatsächlich zugetraut. Denn natürlich haben sie dieses alte jüdische Messiasbild prompt auf Christus übertragen. Der Offenbarung zufolge wird er die Erde dereinst zusammen mit den Erlösten regieren.[109] Unvorstellbar! Ein irdisches Gottesreich des Friedens und der Gerechtigkeit, in dem zum Beispiel der Wolf friedlich neben dem Lamm ruht?[110] Ich halte das für ein ergreifendes Bild, aber eine ebenso klare Illusion, zeitbedingt und für uns heute erledigt.

Allein die Vorstellung, dass Menschen als körperliche Wesen auferweckt werden sollen, führt in endlos viele Ungereimtheiten. Welchen Leib bekommt ein Baby zurück, das kurz nach der Geburt starb? Welchen Leib bekommt der von Krebs zerfressene Kranke zurück oder die von Lepra gezeichnete alte Frau? Im Glaubensbekenntnis beschwören wir in jedem Gottesdienst »die Auferstehung des Fleisches«. Aber wer kann denn das wirklich noch glauben? Schon Paulus hat das deutlich abgelehnt: »Fleisch und Blut können das Reich Gottes nicht erben.«[111] Nein, das mit der Auferstehung funktioniert anders. Jesus war da zu sehr im jüdisch-apokalyptischen Denken seiner Zeit befangen. Obwohl es auch unter »seinen«(?) Worten solche gibt, die auf eine unleibliche Auferstehung hinweisen. Ich kann nicht entscheiden, wie sich da was zusammenreimt.

Wir aber leben heute, wie ich zu zeigen versucht habe, in einem Zeitalter, in dem immer deutlicher wird: Materie und Geist sind im letzten Hintergrund der Natur nicht zu trennen. Auch der Geist Gottes, die »Malkut Jahwe«, ist in aller Materie schon da. Unmittelbar zugegen. Das gläubige Herz weiß das, erfährt es: Diesseits und Jenseits sind ineinander verwoben. Ich bin da ganz naiv: Im Augenblick des Todes reißt der Schleier, der uns im Alltag daran hindert, die Einheit von Jenseits und Diesseits voll wahrzunehmen. Das kann nur das vom Körper losgelöste Organ der Seele. Diese Seele, so sagt zum Beispiel die Psychologin Margarete Mitscherlich, »steckt in unserem Leib überall drin, in der Milz, im kleinen Finger und im Hals«. Ärzte können sie nicht sehen, Gerichtsmediziner schon gar nicht. In der Esoterik kennt man sie als »Astralleib«, in der transpersonalen Psychologie unter anderem als »fluides Bewusstsein«, dem »alle Dinge gegenwärtig« werden können. Auch beim Meditieren kann man dieses »andere in uns« wahrnehmen, als Wahrnehmung von Wahrnehmung gewissermaßen: Ich sitze entspannt, blende den Fluss der Gedanken langsam aus und beobachte meinen Atem. Was aber beobachtet mein Beobachten? C. G. Jung nennt es das »Selbst«, lässt aber offen, wie weit dieses im Tod noch individuelle Züge trägt. Und dann gibt es für mich an dieser Stelle auch einmal etwas richtig Gutes von Paulus zu sagen. Auferstehung heißt für ihn: Wir werden alle »in einen überirdischen Leib verwandelt«, und zwar »plötzlich und in einem Augenblick«.[112] Woher Paulus das weiß? Ich denke, was er als seine Begegnung mit dem auferstandenen Christus vor Damaskus beschreibt, war eine Art Nahtod-Erlebnis. Er fühlte sich »entrückt bis in den dritten Himmel«.[113]

Aber gibt es die Seele denn wirklich? Ist da noch etwas hinter den drei Freudschen Kategorien von Es, Ich und Über-Ich, welche den Menschen fast ganz ausmachen? Etwas, das dann auch noch indivi-

126

duell ist, mit dem Gott in Verbindung treten kann? Etwas, das vor dem Tod da ist, im Sterben und nach dem Tod weiterhin? Ich bin davon überzeugt. Das hat zwei Ursachen:

So wie ich Gott in mir vernehme, wie er mit mir umgeht, sich mir öffnet, sich als gegenwärtig schenkt und darin nur mich meint, so kann ich nicht glauben, dass er das nur 70 oder 80 Jahre lang tut. Nur für die Zeit, die ich in dieser mysteriösen Existenz verbringe, welche wir irdisches Leben nennen. Was wäre das für ein merkwürdiges Liebesverhältnis? Ist aber Gott a-more, so werde ich es auch sein, ohne Tod, a-more. Gottes Liebe zu mir wäre sinnlos, wenn sie nicht über meinen Tod hinaus währte. Da bin ich voller Vertrauen. Aber da bin ich auch ganz unbescheiden. Ich will alles, ich will Gott.

Meine Überzeugung von der Existenz der Seele hat aber noch eine zweite Ursache. Sie rührt aus einer jahrelangen Beschäftigung mit esoterischen Themen her, damals in meinen ersten Berufsjahren in Hof, als ich, innerlich zerrissen, nicht wusste, was ich glauben konnte. Als junger Zeitungsredakteur wurde ich in dieser Zeit immer losgeschickt, wenn es irgendwo im Verbreitungsgebiet über »Okkultes« zu berichten galt. »Herr Rosien«, sagte mein Chefredakteur, »Sie sind Theologe, Sie müssen dazu etwas Gescheites schreiben können.« Die kirchliche Szene war eben einfach zu langweilig, gab für Reportagen kaum was her. Was aber schreibt man über eine Hellseherin, die einem als Kostprobe ihres Könnens verblüffende Dinge über einen selbst sagt, Fakten, die sie unmöglich recherchiert haben konnte? Was schreibt man über einen Vortrag zum Thema Wiedergeburt, der so seriös war, dass ein »Verriss« nicht in Frage kam? Ich erinnere, wie ich über ein Seminar an der *Evangelischen Heimvolkshochschule Bad Alexandersbad* berichten sollte: Astrologie. Das Thema schien mir so abwegig, das ich schon auf der Hinfahrt im Auto in Gedanken einen bissigen Artikel vorformulierte. Tenor: Was kann denn nur ein Materieklumpen da draußen im Sonnensystem, ein Planet, mit meinem Seelenleben zu tun haben? So ein Quatsch! Später, im großen Auditorium, bin ich immer nachdenklicher geworden. Lauter Sachen, von

127

denen ich noch nie gehört hatte und die mir auf einmal gar nicht mehr so abwegig vorkamen.

Ich habe damals über Esoterik gelesen, was ich in die Finger kriegte. Das war ja auch nicht schwer. In jeder Buchhandlung, gleich rechts von den drei Borden mit den schwarzen Bibeln, den Gesangbüchern und einigen Büchern von Hans Küng und Jörg Zink, da waren dann dreißig Meter Buchregal voll Esoterik. Das meiste von dem, was ich gelesen habe, ist längst wieder abgelegt. Ich weiß, dass Astrologie psychische Wahrheit offenlegen kann. Ich kenne mich da wohl ganz gut aus. Habe meine Erfahrungen damit gemacht. Aber ich lebe seit langem nicht mehr mit Astrologie. In die Niederungen von Klopfgeistern, Ufos, Heilungspyramiden und anderen sonderbaren Psi-Phänomenen bin ich ohnehin nie hinuntergestiegen. Es gibt auch eine Esoterik von ganz anderem Niveau. Das in jüngster Zeit wohl beste und am spannendsten geschriebene Buch dazu hat der langjährige Asien-Korrespondent des *Spiegel*, der Italiener Tiziano Terzani vorgelegt: »Noch eine Runde auf dem Karussell«, ein Weltbestseller. Als tödlich an Krebs erkrankter Journalist reiste er um die halbe Welt auf der Suche nach möglicher Heilung aus dem Geist der Esoterik, fasziniert und grundskeptisch zugleich.[114]

Sicher: Das Weltbild auch »gehobener« Esoteriker widerspricht dem heute herrschenden naturwissenschaftlichen Materialismus. Aber es ist mit einer mystischen Spiritualität durchaus vereinbar. Versteht man doch Gott »eher als eine geistige Energie, die das gesamte Universum durchdringt und ordnet. Einst von ihr getrennt, streben wir seither im Laufe vieler Leben danach, uns schrittweise zu vervollkommnen, um irgendwann wieder eins mit ihr zu werden – darin liegt unser Sinn«. So sagte es bei einem der jährlichen *Psi-Kongresse* in Basel der Psychologe Harald Wiesendanger. Ja – und Christen glauben an den Heiligen Geist als alles durchwirkende Energie Gottes. Ich sehe da durchaus Gemeinsamkeiten, auch wenn mir der Wiedergeburtsgedanke nicht geheuer ist und auch wenn Gott für mich das ansprechbare Gegenüber bleibt.

Besonders ein Thema aus meiner Beschäftigung mit Esoterik hat mich nicht mehr losgelassen: Was Menschen erzählten, die im Augenblick des Sterbens so merkwürdige und beglückende Visionen hatten. Zwar waren sie am Ende doch nicht gestorben, aber ihre Berichte von den Ufern des Todes hatten es in sich. Mit solchen Nahtod-Erfahrungen beschäftige ich mich jetzt seit bald dreißig Jahren. Es begann mit dem ersten populären Buch dazu: Raymond Moody »Leben nach dem Tod« (deutsch 1975). Bis heute habe ich sie wohl alle gelesen, die Autoren, die Wichtiges über den Nahtod-Erfahrungen zu sagen haben: Vorneweg Elisabeth Kübler-Ross, Kenneth Ring, Michael Sabom, Stanislav Grof und der Mathematiker Günter Ewald. Ihnen schließen sich Dutzende weitere Autorinnen und Autoren an.

Heute ist ja auch einem größeren Publikum bekannt, was immer wieder Zeitgenossen berichten, die um ein Haar gestorben wären: Lebensfilm, Tunneldurchquerung, Geistwesen, Baden in Licht und Liebe, dann Umkehr an einer Barriere, zurück in den schmerzenden Körper. Die für mich immer noch schönste Geschichte dieser Art erzählte der amerikanische Automechaniker Tom Sawyer von sich. Ich weiß nicht mehr, wo ich seine Geschichte gelesen habe, kann sie aber aus alten Notizen frei nacherzählen:

Sawyer ist zur Zeit seiner Nahtod-Erfahrung dreißig Jahre alt und lebt in Rochester am Ontario-See. Seine Werkstatt liegt neben seinem Haus. Eines Nachmittags arbeitet er unter der Hebebühne an einem Lieferwagen. Da löst sich auf einmal die Hebewinde und der Wagen stürzt auf seinen Körper. Drei Tonnen. Der Mann brüllt vor Schmerzen, wird aber nicht einmal ohnmächtig, wo er eigentlich auf der Stelle hätte tot sein müssen. Sein kleiner Sohn hat alles mitbekommen. Heulend stürzt er los, um Hilfe zu holen. Nach zehn Minuten ist die Feuerwehr da. Sawyer ist noch immer bei Bewusstsein, die Schmerzen sind höllisch. Er ist nahe am Ersticken. In der Sekunde, in der die Feuerwehrleute das Chassis des Lieferwagens anheben, wird der stark blutende Mechaniker ohnmächtig. Im Krankenwagen, der ihn ins Hospital bringt, hört Tom Sawyer auf zu atmen. Das Herz steht

still. Er ist eigentlich tot. Trotzdem bemüht man sich, ihn wiederzube-
leben. Und tatsächlich: Sawyers Herz schlägt wieder. Aber erst als sie
im Hof des Krankenhauses angelangt sind, zwanzig Minuten später.
Es waren die verrücktesten zwanzig Minuten seines Lebens. Von außen sah das gar nicht gut aus. Aber von innen!

Es begann in der Sekunde, als er ohnmächtig wurde. Er fühlte sich
auf einmal gut, so ruhig, wie er es noch nie zuvor erlebt hatte. »Ein kör-
perloses Empfinden vollkommener Seligkeit«, so nennt er das später
aus der Rückschau. Und dann hat er sich selbst plötzlich gesehen, da
auf dem Boden seiner Werkstatt, umgeben von den Feuerwehrleuten.
Blut lief ihm aus dem Mund. Er sah den roten Sanitätswagen, der in
die Straße einbog. Er sah die dabeistehenden Nachbarn, seine Frau,
seine Kinder. Alles zog an ihm vorbei wie ein Film, mal in absoluter
Nahaufnahme, drei Meter über dem Boden, mal aus der Ferne, zehn,
hundert Meter weg von seiner Werkstatt. Dann plötzlich wird es dunkel um ihn herum. »Eine dichte, fast greifbare Dunkelheit«, sagt er
später. Er fühlte sich mit wahnsinniger Geschwindigkeit durch dieses
schwarze Etwas durchgesogen. Er denkt: Ich muss tot sein. Dann
Licht! Aber was für ein Licht. Eine gigantische gleißende Helligkeit,
die ihn jedoch nicht im Geringsten blendete. »Je näher ich diesem
Licht kam, desto mehr hatte ich das Gefühl, es in seiner Art wieder-
zuerkennen. So wie eine in den Tiefen des Gedächtnisses versunkene
Erinnerung wieder wach wird, eine freudige Erinnerung. Eine Erinnerung an Liebe. Ja, dieses seltsame Licht schien selbst ausschließlich
aus Liebe zu bestehen. Wissen Sie, ich liebe meine Frau und meine
zwei Kinder. Dies, plus alle Liebe, die ich in meinem ganzen Leben
selbst empfunden habe, ergeben zusammen nicht einen Bruchteil der
Liebe, die ich in Gegenwart dieses Lichtes gespürt habe.« Diese Sätze
von Sawyer hatte ich mir notiert.

Aber es geht noch weiter: Sawyer kam dem Licht immer näher,
drang schließlich ein in die Helligkeit und erlebt »eine unbeschreibliche Ekstase«, wie er später sagt. Er fühlte sich hellwach und sah auf
einmal, »wie sich unter mir weite märchenhafte Landschaften entfal-

teten. Und dann war ich plötzlich diese Landschaften selbst, war der silberne Fluss und der glitzernde Fisch darin«. Wie aus dem Nichts kam in diesem Moment sein ganzes Leben wieder in Erinnerung, alles gleichzeitig, glasklar, bis ins letzte Detail.

Später, als Tom Sawyer wieder voll genesen ist, wieder mitten im Leben steht, interessiert er sich plötzlich für Physik. Er besorgt sich dazu Bücher aus der Stadtbibliothek, Quantenphysik! Er sagt, er träume immer wieder davon, als habe er das alles schon einmal gewusst. Der kleine Automechaniker aus Rochester fängt an, sich an Max Planck und Nils Bohr »zu erinnern«. Leute, von denen er bis dahin noch nie gehört hatte. Sawyer behauptet, und auch das habe ich mir notiert: »In Gegenwart des Lichtes damals habe ich alles gewusst. Denn ich war gewissermaßen alles. Ich habe die Wirklichkeit ohne Maske gesehen. Sie ist ein Licht bedingungsloser Liebe und absoluten Wissens. Darin zu baden gab mir das Gefühl, zu Hause zu sein.«

Wer über Nahtod-Erfahrungen spricht, macht in der Regel eine merkwürdige Erfahrung: Es gibt entweder spontanes Interesse und tendenzielle Aufgeschlossenheit oder schroffe Ablehnung. Ich habe dazu einmal in einem Interview den Neurologen und namhaften Nahtod-Forscher Michael Schröter-Kunhardt befragt. Seine Antwort: »Das ist richtig beobachtet. Das Thema polarisiert unverzüglich. Berichte von Nahtod-Erfahrungen provozieren unser Innerstes. Der eigne Tod wird angerührt, etwas, das wir lieber verdrängen. Hinzu kommt, dass die eigene Weltanschauung unversehens auf den Prüfstand gestellt wird. Die Berichte über solche Erfahrungen enthalten schließlich viele Elemente, die unser naturwissenschaftlich geprägtes Denken in Frage stellen.« Dazu gehört dann besonders das medizinische »Unding«, wonach der Geist offensichtlich *keine* ausschließliche Funktion des Gehirns sein kann.

Längst werden Nahtod-Erfahrungen seriös erforscht. Kardiologen und Neurologen in den USA wie in Europa haben umfangreiche Studien durchgeführt. An mehreren Kliniken in England läuft seit Jahren ein dezentes Experiment, Aussagen von Patienten zu verifizieren, die behaupten, sie hätten ihrer Operation von außerhalb ihres Körpers zugesehen. Seit langem gibt es die *International Association for Near-Death-Studies* (*IANDS*), deren deutscher Ableger das *Netzwerk Nahtod-Erfahrung* ist. Dennoch stellt der Mathematikprofessor und Nahtod-Forscher Günter Ewald fest: »Man könnte annehmen, dass an den Universitäten sowohl Naturwissenschaft als auch Theologie sehr am Thema Nahtod-Erfahrungen interessiert sind. Das ist jedoch kaum der Fall. Die Abstinenz wird sich nicht auf Dauer aufrechterhalten lassen; dafür sind die anstehenden Fragen zu drängend.«[115] Ja, so ist es. Nichts wird heute in unserer Gesellschaft stärker tabuisiert als Sterben und Tod.

Seit Kurzem ist in der Erforschung der Nahtod-Erfahrungen noch ein neuer erstaunlicher Schwerpunkt hinzugekommen: Das sind Erfahrungen von Zeitgenossen, die gar nicht in akuter Lebensgefahr waren, aber genau das erlebten, was andere an den Ufern des Todes erfuhren. Solche Menschen hatten ihre Erlebnisse beim Meditieren, Musikhören, im Schlaf oder beim Blumenpflücken auf der Wiese, immer aber »plötzlich und in einem Augenblick«, wie die Wendung bei Paulus heißt. Viele Nahtod-Erfahrungen haben also gar nichts mit akutem Todeskampf zu tun. Der Theologe und Diplompsychologe Joachim Nicolay vom *Netzwerk Nahtod-Erfahrung* kommentierte das bei einem Kongress über Tod und Sterben so: »Dies ändert nichts an dem Phänomen selbst. Nahtod-Erfahrungen, wie immer sie zustande kommen, werden heute auf der ganzen Erde registriert und immer seriöser dokumentiert, selbst in islamischen Ländern. Die Forschung ist sich weithin einig, dass man es mit einer kulturübergreifenden Erlebnistypik zu tun hat.« Nahtod-Erfahrungen können nach Nicolay längst nicht mehr als durch Sauerstoffmangel erzeugte Produkte individueller Hirnaktivitäten betrachtet werden. Es sei ein überindividuelles Geschehen, ein Hineingenommenwerden in den »Sog der anderen Seite«. Insofern sei die Bezeichnung Nahtod auch nicht mehr ganz zutreffend: »Es geht weniger um Sterbeerlebnisse als um plötzliche Transzendenzerfahrungen. Das ganze Erlebnis ist wie ein spontaner Besuch im Jenseits.«

Neben der Geborgenheitserfahrung in Gott, die das Wichtigste bleibt, halte ich Nahtod-Erfahrungen für direkte Hinweise auf die plötzliche Auferstehung der Toten und auf ein Leben nach dem Tod. Sicher: Oft geht der Minute des Sterbens ein elendes Krepieren voraus, Palliativmedizin hin oder her. Andere sterben so schnell, dass sie das unter Umständen gar nicht mitbekommen. Dennoch ist Jesus gewiss: Gott lässt niemandem im Tod. Und Paulus sagt: Auferstehung ist eine Sache von jetzt auf gleich. Voilà! Aber in der Theologie ist es heute aus der Mode gekommen, den Menschen sozusagen das Himmelreich zu versprechen. Verständlich nach einem jahrhundertelangen Missbrauch der Auferstehungsverheißung für die Beschneidung irdischer Bedürfnisse des einfachen Volkes. So reden Theologen heute lieber vom »Ganztod«. Der Mensch sterbe mit Leib und Seele. Dann sei er eben als Person ganz tot. Richtig weg. Er könne aber darauf hoffen, dass Gott sich am Ende der Zeiten seiner erinnere und ihn zu einem neuen Leben erwecke, wie immer das dann aussehen mag.

Diese Bescheidenheit verdient Respekt. Ich halte sie im Ergebnis trotzdem für eine buchstäblich *seelen*lose Tristesse, hoffnungslos und tatsächlich todtraurig. Da kommt gar nichts von der frohen Botschaft Jesu rüber: Gott ist in dir drin. Er liebt dich und will, dass du lebst. Von der mystischen Erfahrung bei Meister Eckhart, Angelus Silesius, Mechthild von Magdeburg oder Jakob Böhme gar nicht zu reden, zu der ich noch komme. Beispielsweise von jenem hochgemuten Wort bei Eckhart, gesprochen aus tiefster Gottinnigkeit: »Gottes Sein ist mein Leben. Ist denn mein Leben Gottes Sein, so muss Gottes Sein mein Sein sein. Und Gottes Wesenheit meine Wesenheit, nicht mehr und nicht weniger.« Und: »Wäre aber ich nicht, so wäre auch Gott nicht.« Oder Angelus Silesius: »Ich weiß, dass ohne mich Gott nicht ein Nu kann leben, werd ich zunicht', er muss vor Not den Geist aufgeben.« In solcher Innigkeit gibt es keinen Ganztod. Und da können uns auch jene noch ganz andere Dinge erzählen, die keine Nahtod-Erfahrung hatten und wirklich gestorben sind. Als ausgebildeter Hos-

pizhelfer habe ich an Sterbebetten selbst so manches davon mitbekommen, visionäre Öffnungen ins Transzendente, Stunden vor
dem Tod. Aber was die Psychotherapeutin und Theologin Monika
Renz dazu beizusteuern hat, kann Ganztod-Theologen ordentlich in
Verlegenheit bringen.

Renz führt am Kantonsspital St. Gallen ein Projekt durch: »Spirituelle Erfahrung in schwerer Krankheit«. Es geht um kranke Patienten,
die im Sterben liegen und kaum noch Aussicht auf Heilung haben.
Manche kämpfen noch mit dem Tod, andere sind resigniert, stoisch
abwesend oder heftig klagend, ja bereit zur Selbsttötung. Viele dieser
Patienten sind nach Renz säkular eingestellt. In unendlich vielen Gespräch zu fast jeder Tages- und Nachzeit hat sie immer deutlicher
eine überraschende Feststellung machen können: Patienten am Rande des Todes machen eine religiöse Entwicklung durch. Sie geraten in
ein »dramatisches Wechselspiel von rationaler Ich-Behauptung und
einer Ergebung in ein anonymes Du hinein. Sterben ist am Ende eine
spirituelle Beziehungserfahrung, auch wenn das Gegenüber der Beziehung für die meisten nicht benennbar wird«. Ist das Leiden noch so
grässlich, wird alles Dahinvegetieren als sinnlos beklagt, am Ende, so
Renz »stirbt der Mensch als Kind, als Narr oder als Mystiker«. So fasst
sie die bisherigen Ergebnisse des Projekts von St. Gallen zusammen.
Ausführlich hat sie dies in ihrem Buch »Grenzerfahrung Gott« geschildert.[116] Wer dieses Buch einmal auf sich wirken lässt, kann die
Ganztodlehre nur für eine blasse Verlegenheitsauskunft halten. Die
Toten leben. Wie schrecklich sie auch gestorben sein mögen. Wenn
wir ihre sterblichen Überreste beerdigen, sind sie längst bei Gott.
Zugegeben: So zu reden, als Pfarrer am offenen Grab, das ist heute
kaum möglich. Die meisten Zeitgenossen sind dafür viel zu weit weg
von Gott.

Eigentlich klar, dass ich nach allem Vorangegangenen von einer
Hölle nicht mehr reden muss. Sie gibt es nicht. Jedenfalls nicht außer-
halb dessen, was wir Menschen uns oft gegenseitig als Hölle bereiten.
Was es aber religiös gibt, sind höllische Erfahrungen, die zum Beispiel

134

Mystiker beim Meditieren bisweilen durchlaufen. Besonders Johannes vom Kreuz und Thomas Münzer berichten so etwas. Ein milder Abglanz davon wird noch in der Geschichte von der »Versuchung Jesu in der Wüste«[117] erkennbar. Ganz selten kommen höllische Erlebnisse auch in Nahtod-Erfahrungen vor. Ich halte sie alle für Vorstufen der Lichterfahrung. Sie sind, denke ich, bedingt durch psychologische Erfahrungen in der Kindheit oder, heftiger noch, durch Prägungen im Geburtserlebnis. Deswegen bin ich zu Beginn dieses Buch so ausführlich auf die vorgeburtlichen Matrizen von Stanislav Grof eingegangen. Da geschieht tatsächlich so etwas wie Prädestination, Vorbestimmung. Das heißt, es werden unter Umständen Lebenseinstellungen vorgeprägt, die auf Teufel komm raus keine frohmachende Gottesbegegnung im Leben und Sterben zulassen. »Trotz allem, was Sie bei Gott an- und einklagen«, so schrieb mir eine Leserin auf einen Artikel hin, »haben Sie dieses tiefe Vertrauen in Gott. Sie sagen, es ist ein Geschenk. Das ist mein Problem, dass ich dieses Vertrauen, diese Geborgenheit nicht spüre. Ich denke, ich gehöre nicht oder noch nicht zu den Beschenkten. Für mich ist Gott immer noch der ›ich weiß es nicht‹«.

Nur Erfahrung zählt: Häresie?

Die Angst vor dem Zeitgeist

Missionar sein?

Manchmal bin ich wohl ziemlich altmodisch: Ich denke noch immer ein wenig missionarisch. Schrecklich, Missionar sein zu wollen! Aber mich treibt es um, dass so viele Zeitgenossen unter uns mit Gott schon lange nichts mehr anfangen können. Zwar landen sie am Ende alle bei diesem Gott. Insofern könnte ich mich bequem zurücklehnen. Aber ich denke, Mitmenschen würden sich im Leben und im Sterben mit diesem Glauben leichter tun als ohne ihn. Quälen sich doch heute viele heimlich oder offen mit einer öden Sinnlosigkeit ihres Daseins. Besonders ab der Mitte des Lebens, wenn die äußeren Daseinsansprüche geregelt sind, Einkommen, Wohnung, Ehe, Kinder. Dann steht plötzlich die Frage im Raum: War's das jetzt? Was fehlt, ist eine lebendige Beziehung zu dem »unbegreiflichen allzeit gegenwärtigen Geheimnis, das wir Gott nennen« (Vorgrimler). Solche Beziehung würde auch unserem Gemeinwohl spürbar zugute kommen.

Aber natürlich meine ich nicht den Glauben im landläufigen Sinne als die Anstrengung, etwas für wahr zu halten und sich darin dann emotional wie intellektuell einzurichten. Ich meine vielmehr die lebendige Erfahrung Gottes, nicht mehr und nicht weniger. »Wenn es keine Erfahrung Gottes für uns geben kann, ist es sinnlos, von Gott zu reden«, sagt Jörg Zink. Doch wie soll solche Erfahrung heute eigentlich möglich sein? Theologie und Kirche bieten dafür in unseren Tagen die denkbar schlechtesten Voraussetzungen. Herrscht doch in ihnen die Meinung vor, die Selbstoffenbarung Gottes sei in der Bibel ein für alle Mal aufgeschrieben. Sie müsse nur in unsere Zeit übersetzt und verkündigt werden. Und damit habe dann jedermann die Wahl, sie anzunehmen oder nicht. Wir können, so bekundet die Amtskirche, die Offenbarungsbotschaft nicht ändern, nur damit sie den Zeitgenossen besser gefalle oder eher einleuchte. Wir können nicht davon ablassen, dass Jesus der Sohn Gottes sei, nur weil das heute die Leute nicht mehr überzeugt. Wir können nicht von der Dreifaltigkeit Gottes lassen, nur weil viele Menschen zu diesem Glaubensgut keinen Zugang finden. Fazit: Die Kirche könne ihre Botschaft nicht irgendwelchen Zeitgeistströmungen anpassen. Denn: »Wer den Zeitgeist heiratet, ist sehr bald Witwer«, so sagte es der oberste Repräsentant der Evangelischen Kirche, Bischof Wolfgang Huber, beim Kirchentag 2005 in Hannover.

Man könnte sich in den Schnee legen vor soviel Arroganz. Diese kirchliche Verkündigung versagt doch heute auf der ganzen Linie! Viele Christen ringen mit den Inhalten dieser Verkündigung, und die große Mehrheit der Gesellschaft hat sich längst ganz verabschiedet. Das sind jene, »die Gott vergessen haben«. So werden sie kirchlich abgestempelt. Als ob man Gott vergessen könnte, wenn man ihm jemals begegnet ist. Das Problem ist eben: Gotteserfahrungen finden heute kaum statt, selbst unter Pfarrern immer weniger. Sie werden nicht gelehrt. Niemand wird dazu ermuntert oder darin geschult, Gott in seiner Seele zu finden. Man glaubt, das sei nur etwas für religiöse Virtuosen. Der »gemeine Gläubige« sei dafür religiös viel zu unmusikalisch. Er könne Gott nicht ohne den Schutz der Tradition, ohne den Schutz der Riten direkt und unmittelbar gegenüber treten. Ich denke, da ist eher der Wunsch der Vater des Gedankens. Wenn Gott in jeder Seele anwesend ist, will er sich dort gewiss auch bemerkbar machen, will erfahren werden, direkt, in seinem Eigentum! Aber das mindert natürlich die Einflussmöglichkeiten von Glaubensfunktionären. Eine Machtfrage! Wie gehabt. Der Apparat der Außenlenkung muss erhalten bleiben. Man dürfe dem Göttlichen gegenüber keine falschen Vertraulichkeiten pflegen, sagen sie dann. Das stehe dem Menschen nicht zu. Und so lässt man die Leute mit ihren religiösen Problemen allein. Und wundert sich, dass auch der Religionsunterricht an den jungen Menschen komplett vorbeirauscht. Das Evangelium ist nach dem Verständnis unserer Kirchenverantwortlichen eher eine »Holschuld« und nicht Bringschuld, wie es das bei Jesus war. Ihn jammerte das gottlose Volk. Er wollte, dass sein Evangelium unter die Leute kommt.

Aber Jesus lehrte und predigte, indem er die Menschen in seine Erfahrung Gottes mit hineinnahm. Er handelte als Therapeut, Heiler von Leib und Seele. Auf eine Kanzel wäre er nicht gestiegen. Und mit sakralen Feiern, mit »Kasualien« hätte er sich auch nicht aufgehalten, mit Taufen, Konfirmationen, Eheschließungen oder Beerdigungen. Hat er doch auch »mit Sicherheit kein einziges Sakrament eingesetzt, wie heute ziemlich alle Theologen wissen« (Drewermann). In Gleichnissen, Seelsorgegesprächen, Heilungen und auch in der Mahlgemeinschaft mit »Sündern« ließ Jesus erfahrbar werden, was es heißt, von Gott bedingungslos geliebt zu sein. Seelsorge! Anders wird auch niemand zu dem lebendigen Gott finden können. Bestimmt nicht allein durch Nachdenken, Bibellesen oder Predigthören. »Einzig Erfahrung ist evident«, sagte Dorothee Sölle mit Blick auf den Glauben. Und der Journalist und Theologe Heinz Zahrnt schrieb kurz vor seinem Tod: »Statt alle Stücke der überlieferten Kirchenlehre mit sprachlichem Raffinement in die Gegenwart hinüberretten zu müssen, fühlte ich mich zunehmend ermutigt, als Theologe öffentlich nur noch zu sagen, was durch eigene Erfahrung gedeckt ist.« Alles andere sei für die Leute nicht mehr überzeugend.

Ein Kapitel Religionssoziologie

Wie sehr sich heute solcher Mangel an Überzeugungskraft selbst unter »gläubigen Menschen« auswirkt, ist der Redaktion von *Publik-Forum* vor einigen Jahren deutlich geworden. Wir hatten damals eine

Kurzfassung des Buches »Credo« von Hans Küng veröffentlicht. Im Anschluss daran haben wir unsere über 100 000 Leser gebeten, doch einmal selbst ihr Glaubensbekenntnis, ihr Credo zu formulieren: Setzen Sie sich in einer ruhigen Minute hin und schreiben Sie auf, was Sie eigentlich ganz bei sich selbst noch glauben und was nicht.

Wir hatten mit ein paar Dutzend Einsendungen gerechnet. Aber schon nach wenigen Wochen waren zwei Waschkörbe voll. Uns wurde klar: Wir haben da wohl so etwas wie eine spirituelle Wasserader angebohrt. Menschen, denen der Glaube noch etwas bedeutet, reizt es regelrecht, sich mit dem apostolischen Glaubensbekenntnis auseinanderzusetzen. Die meisten kennen es noch auswendig, mögen es aber im Gottesdienst kaum mehr mitsprechen. Und sie versuchten zu formulieren, wie sie es gerne anders sagen würden.[118] Diese Leser-Credos muteten oft an wie ein großer Arbeitsprozess, mit der traditionellen Lehre der Kirche irgendwie noch zurechtzukommen. Es ging vorrangig um Fragen der Gottesgerechtigkeit, der Evolution, des Todes, der Esoterik und der Christologie. Drei Trends waren deutlich zu erkennen:

Zum einen: Immer mehr Kirchenmitglieder fühlen sich frei, die für sie bedeutsamen Inhalte des Glaubens selbstständig zu wählen. Sie betreiben Häresie. »Hairesis« ist das griechische Wort für »Auswählen«.

Bei diesem Auswahlprozess wird zum anderen deutlich: »Das traditionelle kirchliche Interpretationssystem des Religiösen hat heute bei den meisten Christen seine Einsichtigkeit, geistige Autorität und Lebensrelevanz verloren. Der gemeinsame Schatz der traditionellen christlichen Metaphern und Symbole geht verloren oder scheint sich doch zumindest erschöpft zu haben.« So beschreibt es der katholische Systematiker Urs Baumann, Tübingen, der die über 2500 Leser-Credos von *Publik-Forum* wissenschaftlich untersucht hat. Er stellt fest: »Weltanschaulichen Bilder wie Adam und Eva, Jungfrauengeburt, Gottessohnschaft, leibliche Auferstehung, Himmelfahrt, Sühnetod, Zweinaturenlehre und andere mehr bereiten vielen Menschen unendliche Mühe und schaffen Fremdheit. Sie sind allzu oft mit individuellen Erfahrungen nicht mehr in Einklang zu bringen.«

Und schließlich: »In den Leser-Credos begegnet auf Schritt und Tritt«, so Baumann, »die Überzeugung: Gott ist ganz anders, als uns die offizielle – die kirchliche – Rede von Gott weismachen will. Die meisten Gläubigen verbinden mit Gott oder auch mit den geglaubten überirdischen Mächten deutlich positive Wesenszüge.« Im Vordergrund stehe nicht die kultisch normierte Verehrung einer Gottheit und nicht der Versuch, sie gnädig zu stimmen. Auch gottgläubige Christen setzten voraus, dass Gott auf unserer Seite ist und nicht immer neu gnädig gestimmt werden muss.

Als Erklärung für das Prozesshafte, Unfertige, das sich in den Leser-Credos spiegelt, weist auch Baumann auf den epochalen kulturellen Umbruch unserer Zeit hin. Der präge unsere heutige Wirklichkeitserfahrung. Er habe seinen Ursprung letztlich in der Aufklärung, die die hochkomplexe Geistes- und Wissenschaftsgeschichte der Neuzeit zeitigte. »Unverkennbar haben die gegenwärtig stattfindenden globalen und geistigen Standortverschiebungen begonnen«, sagt Baumann, »unsere Denkformen und Wertvorstellungen zu verändern. Das gilt ganz elementar auch für den religiösen Sprachhorizont. In dem Maß, wie sich die Wahrnehmung von Wirklichkeit wandelt, ändern sich auch die Begriffe und Bilder, mit der diese Erfahrungen zur Sprache gebracht werden. Dies dürfte der eigentliche Grund sein, warum heute die traditionellen Antworten der Kirchen so weit an den existentiellen Anliegen vieler religiös suchender Menschen vorbeigehen.« Das heißt: Die Krise der religiösen Sprache bedeutet gleichzeitig eine Krise der religiösen Denkwege. Gott ist in unserer gegenwärtigen epochalen Umbruchsituation *denkend* wohl gar nicht mehr zu wissen. Es geht nur über den Weg der Erfahrung.

Auch der Religionspädagoge Klaus-Peter Jörns hat eine wissenschaftliche Studie über die Situation des Glaubens in Deutschland vorgelegt.[119] Sie ist so erschütternd, dass ich sie hier noch zitieren muss: In der Auswertung einer repräsentativen Befragung fand Jörns

141

heraus, das nur noch knapp die Hälfte der Deutschen an einen persönlichen Gott glaubt. Solchen Gottgläubigen hat er einen Katalog von 18 traditionellen Glaubenssätzen zur Beurteilung vorgelegt. Zum Beispiel: »Jesus ist Gottes Sohn« oder »Gott lenkt die Welt«, oder »Nach dem Tod kommt das Gericht«. Das Ergebnis: Vor allem in der biblischen Lehre vom Menschen und in der Trinitätslehre ist es zu einem totalen Bruch mit der Tradition gekommen. Ja, es zeigt sich, »dass das traditionell Christliche nicht mehr als nur noch einen Bodensatz ausmacht«. Positiv ergibt sich auch für Jörns aus den Befragungsergebnissen ein großes »Zutrauen, dass Gott der Welt zugewandt ist und im Gebet angesprochen werden kann«.

Die heute bei Kirchenverantwortlichen zu hörende Überzeugung, wir erlebten in unserer Gesellschaft gerade eine Rückkehr des Religiösen, hat eine weitere Studie abgeklopft. Sie beruht ebenfalls auf einer repräsentativen Befragung und wurde von der Düsseldorfer *Identity Foundation* durchgeführt. 2006 lag das Ergebnis vor: »Nur zehn Prozent aller Befragten gehören einer Gruppe an, die von der Studie als ›Traditionschristen‹ bezeichnet wird. Menschen, die sich ihrer Kirche und der amtlichen Verkündigung verbunden fühlen. Ihnen steht die mehr als drei Mal so große Fraktion der ›Religiös-Kreativen‹ gegenüber. Diese erweitern die ihnen vertrauten, meist christlichen Traditionen um Versatzstücke aus anderen Religionen, Philosophien oder Weisheitslehren. Und schließlich ist da die Gruppe der ›Spirituellen Sinnsucher‹, bis zu 15 Prozent der Befragten, die sich dadurch auszeichnen, dass sie ihren Sinnbezug aus Fragmenten des Humanismus, der Mystik und Esoterik speisen.«[120] Wenn das eine Wiederkehr des Religiösen ist, dann aber gewiss eine, die an den Kirchen vorbeiweht.

Es ist ganz offensichtlich: Das Christentum hat weithin den Kontakt zur Gegenwartskultur verloren. Es befindet sich, zumindest in Europa, in einer Art Inkulturations-Notstand. »Die Kirchen verstehen die ›Kinder der Welt‹ nicht mehr und diese verstehen ihre Kirche nicht mehr« (Baumann). Der niederländische Theologe Harry M. Kuitert findet das katastrophal. »Alles sieht im Moment danach aus«, sagt er, »als wenn sich das Überflüssigwerden der konfessionellen Theologien ebenso wie das Verblassen der biblischen Tradition durch fortschreitendes Nicht-mehr-verstanden-Werden als sanftes Verschwinden aus dem gesellschaftlichen Bewusstsein vollzieht«.[121]

Das Schlimme daran: Die meisten Kirchenverantwortlichen nehmen diesen Prozess sichtlich nicht wahr. Sie reden ihn schön, verdrängen ihn. Schließlich gibt es ja noch, so sagen sie, katholisch wie evangelisch jeweils rund 25 Millionen eingeschriebene Kirchenmitglieder. Aus der Distanz gesehen ist das alles aber ein einziger Offenbarungseid. Etwas muss sich elementar ändern. »Why Christianity must change or die«, »Warum das Christentum sich ändern muss, wenn es nicht sterben will.« So formuliert es sogar ein anglikanischer Bischof aus den doch noch recht christlich geprägten USA. John S. Spong hat diesen Satz zum Titel eines Buches über notwendige Änderungen im Glauben gemacht. Er trifft genau das Problem. Aber was muss sich ändern? Ich bin sicher, wir brauchen einen deutlichen Richtungswechsel in Theologie und Verkündigung: weg vom üblichen Bekenntnisglauben hin zu einem konsequenten Erfahrungsglauben. Dies lässt sich unter anderem auch erkenntnistheoretisch begründen. Das heißt, man hinterfragt, wie religiöse Erkenntnis eigentlich zustande kommt. Dabei spielen zwei Filter eine Rolle.

Die Filter wahrnehmen

Kirchentag 2005 in Hannover: Ich schlendere durch die Hallen. Ich sehe ein Zelt. Es trägt die Aufschrift: »Gottesbegegnung«. Erwartungsvoll trete ich ein – und stehe vor einem Spiegel. Nach der ersten Verwunderung wird mir klar: In diesem Arrangement steckt ein ganzes Stück Wahrheit. Wie anders kann ich Gott begegnen als in den Spiegelungen meiner Prägungen, meines Charakters, meiner Persönlichkeit? Wie anders kann ich ihm begegnen als in den Spiegelungen des Zeitalters, in dem ich lebe? Ich muss mir eingestehen: Meine Gotteserfahrung ist stets subjektiv gefiltert.

Man weiß heute auch wissenschaftlich, welche zwei Filter hier am Werk sind. Der eine unterzieht die religiösen Einflüsse, die auf uns einwirken, einem Auswahlverfahren, griechisch einer Hairesis. Sein Maßstab ist neben dem Verstand die eigene Erfahrung und die mögliche Erfahrbarkeit. Der andere Filter unterwirft das Ausgewählte sogleich einem Prozess, in dem es noch einmal neu produziert wird. So wird es unseren subjektiven Vorgaben angepasst.

Dies sind heute deutliche erkenntnistheoretische Mechanismen. Ich halte es für elementar wichtig, dass sie in Theologie und Verkündigung berücksichtigt werden. Sie begründen geradezu, warum alles Reden von Gott immer stärker zentral auf Erfahrung angewiesen ist.

Bleiben wir kurz bei dem ersten Filter, dem Auswahlverfahren. Wissenschaftlich geklärt hat diesen Prozess der amerikanische Religionssoziologe Peter L. Berger. Und zwar schon Anfang der achtziger Jahre. Sein klassisch gewordenes Buch heißt: »Der Zwang zur Häresie – Religion in der pluralistischen Gesellschaft.«[122] Der Autor stellt fest: Die sich der Aufklärung verdankende westliche Zivilisation hat eine völlig neue Epoche in der Menschheitsgeschichte herbeigeführt. Sie hat Hunderte Institutionen hervorgebracht, wo man es jahrtausendelang in einem einzelnen Leben nur mit drei, vier Institutionen zu tun hatte. Sie hat Tausende erreichbare Geräte, Maschinen, Waren hervorgebracht, wo man es einst in einem langen Leben gerade mal mit einigen Dutzend Gerätschaften und beweglichen Gütern zu tun hatte. Nicht anders bei den Dienstleistungen. Nicht anders bei den Religionen. Diese sind geografisch nicht mehr deutlich voneinander getrennt, sondern durchdringen sich. Das schafft eine verwirrende Vielfalt an religiösen Angeboten. Bergers zentrale These: Die gegenüber früheren Menschheitsepochen heute ins Maßlose gesteigerte Pluralisierung technischer, institutioneller und kognitiver Möglichkeiten zwingt den Einzelnen, darüber nachzudenken, wofür er sich entscheidet, griechisch: welche Hairesis, welche Auswahl er trifft. Nicht Konvention, sondern Verstand und Erfahrung sind die Kriterien für diesen Auswahlprozess. Und genau dies führt nach Berger in den modernen Individualismus: »Je mehr Wahlmöglichkeiten, desto mehr Reflexion. Der Einzelne, der notgedrungen nachdenkt, wird sich seiner selbst immer mehr bewusst. Das heißt, er wendet seine Aufmerksamkeit von der objektiv gegebenen Außenwelt zu seiner Subjektivität.«

Der zweite Filter, die Induktion, tritt vor allem in Aktion, wenn es um das Verstehen fremder Texte geht. Induktion heißt Hineinführen. Mit Blick auf die Bibel bedeutet das: Ich führe mich bewusst als Subjekt in den jeweiligen Text ein. Mit all meinen Entbehrungen, Hoffnungen, Ängsten und Erfahrungen. Ergeben sich im Text neue Zugänge zu meinen Erfahrungen, erweitert sich da etwas, wird etwas deutlicher? Oder bleibt der Text stumm, bleibt er für mich im Historischen stecken? Kann ich ihn als existenziell bedeutungslos beiseite lassen? Induktion ist subjektiv. Sie unterscheidet sich von der theologisch so oft bevorzugten Methode der Deduktion, des Ableitens von »objektiven Glaubenswahrheiten« aus Bibeltexten. Verstehen, innerliches Aneignen einer Wahrheit geht heute fast nur noch über den Weg der Induktion. Das ist eine Einsicht der modernen Erkenntnistheorie. Und die geht noch weiter: Durch die Induktion passe ich den Inhalt eines Textes meiner Subjektivität an. Ich schaffe den Inhalt gewissermaßen neu. Ich produziere ihn. »Verstehen ist nicht Reproduktion von Vergangenheit, sondern Produktion von Bedeutung«, sagt der Philosoph Hans-Georg Gadamer.

Letztlich produziere ich so selbst Gott. Und das nach dem Maß meiner Geprägtheiten und meiner Erfahrungen. Das aber kann ich überhaupt nur, weil Gott immer schon in mir drin ist. Um es mit einer Analogie Goethes zu sagen: Wär' nicht das Auge sonnenhaft, wie könnten wir das Licht erblicken?

Theologie am Scheideweg

Eine kirchliche Verkündigung, die die subjektiven Filter der Aneignung von Religion ignoriert, kann die Menschen nicht mehr erreichen. Und die Theologie muss einsehen: Es gibt keine objektiv zu erkennende Offenbarung. Theologisches Denken muss heute mehr denn je bei der religiösen Erfahrung und Erfahrungsmöglichkeit des Menschen ansetzen und nicht mehr bei der »Selbstoffenbarung Gottes im Wort der Bibel«. Das ist das große methodische Umdenken, das auf der Tagesordnung steht. So etwas hatte Jesus vor 2000 Jahren schon einmal geleistet, hatte er doch in seiner jüdischen Religion die Maßstäbe Gottes auf den Kopf gestellt. Das daraus entstandene Christentum ist deshalb, sagt Eugen Biser, »nicht als Bekenntnis- und Gehorsamsreligion grundgelegt, sondern als therapeutische Religion, die den Menschen in der Seele zu heilen vermag«. Sie setzt auf die Erfahrung von Güte und Gutsein Gottes. Somit steht die Theologie heute am Scheideweg. Entweder sie bleibt beim traditionellen »Gegenstandsglauben«, oder sie wandelt sich erneut in einen »Innerlichkeitsglauben«, wie Biser diesen Gegensatz nennt. Und diese »glaubensgeschichtliche Wende« ist bei nicht wenigen Christen längst in Gang gekommen. Die Kirchen können sie an sich vorüberrauschen lassen oder aber sie aktiv gestalten.

Eine religiöse Innerlichkeit, die die Tradition kennt, sich aber kaum mehr an sie gebunden weiß, nennt man Spiritualität. Ihr zentrales Moment ist Unmittelbarkeit zu dem Heiligen, christlich zu Gott. Damit ist sie Mystik, existenzielle Gottunmittelbarkeit. Sie vernimmt Gott wesentlich aus dem Inneren des Menschen. Die Tradition wird so gewissermaßen zu einem Floß, das sie über den Fluss zu Gott hinübergetragen hat. Der spirituelle Mensch hat es ab da allein mit Gott zu tun. Aber genau dies ist der Kirche nicht geheuer. Um Adolf Holl zu zitieren: »Sobald der Seele eine Gottunmittelbarkeit zugestanden wird, noch dazu eine freundschaftliche und angstreduzierte, verliert die Gnadenvermittlung und Sakramentenverteilung der Priesterschaften ihre grundlegende Legitimation. Das Subjekt bedarf ihrer nicht mehr.« Das ist das Problem. Machtverlust. Statt diesen sich abzeichnenden Wandel im Glaubensleben der Menschen zu akzeptieren und ihn nach Kräften zu fördern, zieht die Kirche lieber Mauern

146

um sich herum. Bei den einen steht da dann drauf »Evangelisches Profil«, bei den anderen »Die einzig wahre Kirche«.

Nun definieren Theologen Kirche bisweilen als »Erzählgemeinschaft«. Und die ihr angemessene Theologie sei »narrativ«, also erzählend. Dahinter steckt der Anspruch, biblische Texte literarisch anspruchsvoll nachzuerzählen oder erzählend zu umkreisen. Dafür gibt es bereits hervorragend gelungene Beispiele.[123] Im Erzählen und Nacherzählen kann so lebendig werden, wie Menschen in der Bibel Gott erfahren haben. Aber in einer so verstandenen Erzählgemeinschaft steckt auch ein Problem. Das entsteht, wenn sich das Nacherzählen auf die in der Bibel gesammelten Erfahrungen beschränken will. Dann übersieht man gern zwei große Hürden, die dort stehen: Zum einen liegen biblisch berichtete Gotteserfahrungen oft nur als Texte aus zweiter oder dritter Hand vor, überarbeitet, neu angeeignet oder umgedeutet. Da ist viel Authentizität verloren gegangen. Zum anderen müssen in der Bibel gemachte Erfahrungen mit Gott aus ihrem für uns längst untergegangenen Weltbild gelöst werden. Auch wenn das gelingen sollte, muss die Erzählgemeinschaft dafür offen sein, dass es auch heute unter uns lebendige Erfahrungen Gottes gibt. Auch diese können erzählt werden. Zum Beispiel in diesem Buch. Mehr noch: Heutige subjektive Erfahrungen Gottes müssen in der Erzählgemeinschaft gefördert und geschult werden. Denn offensichtlich beginnt die Überzeugungskraft der nachzuerzählenden biblischen Texte deutlich zu erlahmen.

Das große Entrümpeln

Hat es jemand unmittelbar mit dem Gott zu tun, der in Jesus sichtbar wird, dann lebt er im Zentrum des Evangeliums: Er ist sich der Gegenwart des liebenden Gottes bewusst, wird ihn in seinem Hier und Jetzt gewahr, er kann sich diesem Gott vertrauensvoll überlassen. Er spricht mit ihm wie ein Freund zum Freund, er schweigt mit ihm, vernimmt ihn in sich selbst. In alledem weiß er sich in diesem

Gott geborgen, gleich wie die äußeren Umstände seines Lebens sein mögen.

Einem solchen Zeitgenossen können viele Bibeltexte und große Teile der Kirchenlehre ziemlich gleichgültig werden. Mir jedenfalls geht es so. Wozu ich keinen Erfahrungszugang finde, das lasse ich los. Und das sehe ich auch bei manch anderen Theologen. Einige beklagen die Kompliziertheit unserer zentralen christlichen Lehren. »Da sind dann so widersprüchliche Elemente zusammengebunden wie Personalität und Transzendenz, Allmacht und Schwäche, Offenbarung und Geheimnis, Gerechtigkeit und Gnade, Vorsehung und Respekt vor der menschlichen Freiheit, Einheit und Dreifaltigkeit«, schreibt der katholische Theologe Hermann Häring.[124] Und er gibt sich keinerlei Hoffnung hin, dass der Sinn für solche Kompliziertheit neu geweckt werden könnte. Und so ist es auch. Der Islam hat es da leichter. Komplexität ist gewiss nicht sein Problem.

Aber viele Teile der aus der Bibel, gar noch aus der Natur abgeleiteten Glaubenslehre sind nicht nur kompliziert, sie sind auch regelrecht unglaubwürdig geworden. Entweder sie entpuppen sich historisch-kritisch als unrichtig wie zum Beispiel die Opfertod-Lehre, oder sie haben keinen erkennbaren Lebensbezug mehr, weil sie unlösbar in ein archaisches Weltbild verwoben sind. Ein dritter Grund: Sie haben in der Kirchengeschichte nur fatale Auswirkungen gehabt. »Jedermann sei Untertan der Obrigkeit«, zum Beispiel.[125] Dieser elende Vers bei Paulus, der dem anderen an Fatalität in nichts nachsteht: »Die Frau schweige in der Gemeinde.«[126] Klaus-Peter Jörns plädiert deshalb dafür, sich kirchlich wie theologisch von solchen Glaubensvorstellungen zu verabschieden. Alles, was in Bibel und Kirchenlehre nicht lebensdienlich sei, was gar deutlich lebensfeindlich sei, gehöre wie Ballast abgeworfen.

Tatsächlich ist heute theologisch ein großes Entrümpeln angesagt. Letztlich läuft das auf eine Elementarisierung des Glaubens hinaus. Und genau die hat Jesus zu seiner Zeit vorgemacht. Er hat den ganzen pharisäisch gepflegten frommen Leistungskatalog mitsamt der ihn überwölbenden Sünde- und Gehorsamskultur weggefegt. Er hat sich abgekehrt von der Vorstellung eines strafenden Gottes. Alles drehte sich für ihn um den Schatz, den die Seele an dem liebenden Gott besitzt. »Und von hier aus kann in wenigen Strichen alles entwickelt werden, was die Christenheit als Hoffnung, Glaube und Liebe auf Grund der Sprüche Jesu erkannt hat und festhalten will« (Herbert Koch).[127]

Gewiss: Theologie muss am Ende mehr umfassen als dieses Kern-Evangelium Jesu. Sie sollte es ja gerade in alle Aspekte des modernen Wissens hinein entfalten. Das kann aber nur gelingen, wenn es zum einen im Horizont heutiger Erfahrungsmöglichkeiten geschieht. Und zum anderen, wenn sich die Theologie dabei endlich entschlossen von dem Weltbild ablöst, in das Bibel, Kirchenlehre und unsere Liturgie verwoben sind. Soweit ich sehe, hat den bislang umfassendsten Entwurf einer solchen Theologie Eugen Drewermann in seinem siebenbändigen Werk »Glauben in Freiheit« vorgelegt.

Das theologische Problem dabei liegt offen zutage. Das alte Welt- und Menschenbild von Bibel und traditioneller Theologie hat deutliche Konturen. Es überzeugt zwar in unseren Breiten fast niemanden mehr. Ja, es führt bei Fachleuten oft schon zu einer regelrechten »Theologieverlegenheit und Theologieverdrossenheit« (Matthias Kroeger).[128] Aber es trägt noch manches, an dem sich Zeitgenossen religiös festhalten mögen. Was wir dagegen heute als Weltbild in uns tragen, hat zwar viele klare Einzelfacetten, ist aber noch nicht voll erkennbar. Wir stecken in einer zweiten Achsenzeit. Eine neue Epoche zeichnet sich erst am Horizont ab, wie ich in den Ausführungen über die transpersonale Psychologie zu zeigen versucht habe. Und auch im Religiösen sind die Konturen noch undeutlich. Deswegen ist eine theologische Reduktion auf das jesuanisch Wesentliche zurzeit kein schlechter Weg, überhaupt noch vom Glauben sprechen zu können.

Es gibt aber Theologen und Kirchenleute, die sich eben umfassender auf die pluralistische und diffuse Postmoderne einlassen wollen. Dabei fürchten sie allerdings nichts so sehr wie den Zeitgeist. Wie immer aber dieser Zeitgeist zu definieren ist, es ist der Geist der Zeit, in der wir heute leben. Es ist der Geist unserer globalisierten Menschheit am Rande der jederzeit möglichen Selbstvernichtung. Der Geist einer Zeit, in der heute nichts mehr ist, wie es gestern noch war. Der Geist einer Welt im religiösen Umbruch. Damit müssen wir vorerst leben, einschließlich des religiösen und spirituellen Pluralismus mit seinen oft esoterisch eingefärbten Patchwork-Identitäten. Und da kann man sich als verantwortlicher Kirchenmann nicht hinstellen und sagen: Es bleibt bei uns im Glauben alles so, wie es immer war. »Wer den Zeitgeist heiratet, ist bald Witwer!« Theologen, die so reden, merken nicht, dass sie längst selbst einen Zeitgeist geehelicht haben. Das Argument vom schädlichen Zeitgeist haben »Rechtgläubige« schließlich nicht gepachtet. *Ihr* Zeitgeist ist der Geist der Zeit von vor 2000 und mehr Jahren. Seine Merkmale sind die gesamt-antiken Vorstellungen von Gottessöhnen, blutigen Opferdarbietungen und Unreinheit als Sündenschuld. Den meisten Zeitgenossen sind das nicht mehr zugängliche religiöse Vorstellungen. Aber konservative Theologen können sich davon offenbar nicht lösen. Das macht ihre Lehre kompliziert, tendenziell drohbotschaftlich und letztlich weltfremd. Und das hat sicher zu der Gottesfinsternis beigetragen, in der heute so viele Menschen vor sich hinleben.

Dabei sollen sie doch gerade Licht machen, die Theologen, sollen den Geist der Finsternis vertreiben. Sollen verschattete Seelen befreien von Zerrissenheit, Ich-Verlust, Sinnlosigkeit und Versklavung an Konsum und Status. Denn nur so kann der Geist Gottes sein Werk tun. So kann die »Malkut Jahwe« in den Herzen zur Geltung kommen. Das sagt jedenfalls der große Lichtmacher Jesus. Man könnte ihn direkt Luzifer nennen. Ja! Übersetzt heißt dieses lateinische Wort exakt »Lichtträger«. Dass die Kirche dem »Luzifer« eine teuflische Bedeutung untergeschoben hat, zeigt das »Durcheinanderwerfende«, griechisch: das »Diabolische«, zu dem sie immer auch fähig ist. Im Hinduismus heißt ein geistiger Lichtmacher Guru, wörtlich: Vertreiber der Finsternis. Damit hätten wir einen weiteren in unserer Zeit möglichen «Hoheitstitel« für Jesus: Er ist unser Guru. Wenn die alten Titel – Gottessohn, Messias, Christus – nicht auf Jesus selbst zurückgehen und für uns keine Botschaft mehr transportieren, könnte man doch durchaus neue finden. Natürlich bleibt das Problem, dass wir uns Christen nennen, wo sich viele doch nur noch als Freunde Jesu, als »Jesuaner« verstehen können. Aber es gibt eine Wendung unter Theologen, die meines Erachtens eine tragfähige Verbindung schafft zwischen Jesus und dem ihm verliehenen Christustitel: »In Jesus zeigt uns Gott sein Gesicht.« Das kann ich nun wirklich auch so sagen. Freilich gilt das bei mir nicht für jedes der unterschiedlichen Jesusbilder im Neuen Testament. Und für mich heißt das auch keineswegs, dass dieser Jesus damit automatisch Gottes eingeborener Sohn ist. Jesus ist das Medium, durch das die bedingungslose Qualität der Liebe Gottes erfahrbar wird. Wir aber machen das Medium oft selbst zur Botschaft.

Ein zweites christliches Symbolwort ist an dieser Stelle auch kurz zu problematisieren: das Kreuz. Ausgerechnet ein tödliches Folterinstrument ist zum Zentralsymbol der Christenheit geworden. Die Botschaft, die daran hängt, ist klar: Am Kreuz fand das Opfer Jesu statt, das die Menschheit erlöst hat. Deswegen hängen sich viele Christen ein Kreuz um den Hals. Und Bischöfe jedweder Couleur tragen es demonstrativ auf der Brust vor sich her. Doch andere Christen halten das »Opfer« überhaupt nicht für die zentrale Botschaft eines Glaubens, der sich auf Jesus beruft. Sein Evangelium heißt: »Gott ist dir gut. Er ist König in deiner Seele. Wende dich ihm zu und du wirst leben.« Von Opfer ist da keine Rede. Aber sicher ist auch: Dieser Jesus ist am Schandkreuz der Römer zu Tode gemartert worden. Gerade 30 Jahre alt. Er stand für sein Evangelium ein, für die Sache Gottes. Davon zeugt das Kreuz, ein Symbol des Leidens. Gleichzeitig aber auch ein Symbol des aufrechten Ganges. Ist sich Jesus doch selbst treu geblieben. Aber kann das Kreuz in diesen beiden Bedeutungen das Zentralsymbol der Kirche sein? Und soll man es sich um den Hals hängen, wenn man dies gar nicht so verinnerlicht hat?

VON ERFURT NACH NAZARET: MYSTIK WOHER?

Worüber manche Pfaffen zum Hinken kommen

Erleuchtet müsste man sein

Wieso glaube ich an Gott und mein Nachbar nicht? Er kann es nicht, sagt er. Woher habe ich das Vertrauen, dass Gott der liebende Grund in und hinter allem ist, während andere diesem Gott nur mit ambivalenten Gefühlen gegenüberstehen, wenn überhaupt? Wieso erfahre ich, dass Gott mich meint, mich kennt, mir ständig nahe ist, näher, als ich mir selbst oft bin? Anderen ist dieser Gott nur in Gedanken da, sie leben in Distanz zu ihm. Seine unmittelbare Nähe wäre ihnen oft auch nicht geheuer. Wieso weiß ich, dass Gott mich in seinem Gegenwärtigsein nicht kontrolliert, nicht bedrängt, fordert oder gar kommandiert, dass er mich tun lässt, was ich tue, auch wenn er es bisweilen vielleicht gar nicht gutheißen würde. Anderen ist Gott eher als der Fordernde zugegen. Sie fragen: Was will er jetzt von mir, das ich tue? Wieso fühle ich mich in Gott absolut geborgen, während andere glauben, sie müssten immer wieder um Gottes Liebe kämpfen? Zum Beispiel durch ausgiebiges Beten und Fürbitten, durch Gehorsam gegen seinen Willen, wie immer der lautet, oder durch ewig selbstlosen Einsatz für Mitmenschen.

Da hat sich wohl ein Stück religiöser Veranlagung bei mir verwirklicht, in langen Jahren und unterstützt durch Nachsinnen und Zwiegespräch mit Meister Eckhart. Letztlich ist da sicher Prägung im Spiel, so wie sie in allen unseren Unterschieden jeweils als religiöse Dispositionen im Hintergrund stehen. Glaubenspluralismus hat nichts mit Willkür zu tun. Wie ich zu Beginn dieses Buches zu zeigen versucht habe, gehen viele religiöse Unterschiede auf individuelle Erfahrungen im Geburtsvorgang ebenso zurück wie auf die Erziehung in jungen Jahren. Aber: Religiöse Dispositionen sind das eine. Gott ist das andere. Ich bin sicher, er kann jede wie immer geartete Prägung und Veranlagung auch durchbrechen. Manchmal geschieht das für einen Menschen plötzlich, in einer ekstatischen Erfahrung, manchmal erst in einer längeren Entwicklung. Das Ergebnis eines solchen Durchbrechens, wenn es denn geschieht, ist in beiden Fällen Mystik: Gott hat uns dann durchlichtet, er leuchtet uns ein als der in Liebe Gegenwärtige, er schenkt Wissen und Erleuchtung.

Bleiben wir bei der Ekstase. Sie ist oft Erleuchtung pur. Und wenn es nur wenige Menschen gibt, die ich wirklich beneide, jene gehören dazu, denen eine solche jähe Erleuchtung geschenkt wurde. Dies sind Menschen, die mitten in der Zeit aus der Zeit aussteigen durften. Sie verlieren dabei ihr »Ich«, fallen also aus sich selbst heraus, was lateinisch Ekstase heißt. Sie sind nicht etwa betrunken, noch haben sie Drogen genommen. Solche künstlich erzeugten Ekstasen, durch »Ecstasy« zum Beispiel, lassen bestenfalls eine Ahnung von Mystik zu. Oder sie machen süchtig, sehnsüchtig nach ihr. Nein, in religiöser Ekstase kann Menschen der Durchbruch in die Zeitlosigkeit geschenkt werden. Sie dürfen im Bruchteil einer Sekunde in der Ewigkeit sein. – Ja, erleuchtet müsste man sein! Dazu die folgenden drei Beispiele:

Der Naturforscher und Philosoph Carl Friedrich von Weizsäcker beschreibt ein Erlebnis, das er 1963 in Indien hatte: »Der Leser möge entschuldigen, dass ich das, was nicht zu schildern ist, nicht eigentlich schildere und doch davon spreche; denn andernfalls hätte ich diesen Lebensbericht nicht beginnen dürfen. Als ich die Schuhe ausgezogen hatte und im Ashram vor das Grab des Maharishi trat, wusste ich im Blitz: ›Ja, das ist es.‹ Eigentlich waren schon alle Fragen beantwortet. Wir hielten im freundlichen Kreis auf großen Blättern ein wohlschmeckendes Mittagessen. Danach saß ich neben dem Grab auf dem Steinfußboden. Das Wissen war da, und in einer halben Stunde war alles geschehen. Ich nahm die Umwelt noch wahr, den harten Sitz, die surrenden Moskitos, das Licht auf den Steinen. Aber im Flug waren die Schichten, die Zwiebelschalen durchstoßen, die durch die Worte nur anzudeuten sind: ›Du, Ich, Ja‹. Tränen der Seligkeit. Seligkeit ohne Tränen.«[129]

Jacob Böhme, lutherischer Schustermeister in Görlitz, beschreibt um 1612 in seinem Buch »Aurora oder Morgenröte im Aufgang« dieses Erlebnis: »In solchem Suchen ist mir die Pforte geöffnet worden, dass ich einer Viertelstunde mehr gesehen und gewusst habe, als wenn ich wäre viel Jahre auf hohen Schulen gewesen. Als ich mich dessen noch verwunderte, wusste ich nicht, wie mir geschah. Denn ich sah und erkannte das Wesen aller Wesen, den Grund und Ungrund: Item die Geburt der Heiligen Dreifaltigkeit, das Herkommen und den Urstand der Welt.«

Der katholische Professor für Altes Testament Fridolin Stier schrieb 1972 in seinen hinreißenden Tagebuchnotizen: »Öfters, zuweilen mehrmals im Laufe des Tages widerfährt mir plötzlich eine Art Exodus: Auf einmal bin ich ›draußen‹, wie allem und aus allem entrückt – in eine totale Leere, in der nichts mehr zu sehen und zu sagen ist, aber mit höchst wachem und gesammeltem Bewusstsein. Aus gewissem Abstand werde ich das All gewahr, alles Vorhandene, das astrale und nukleare Universum, das Kosmos- und Geschichtsgeschehen und meine rettungslose Verstricktheit in die Dinge. Als wär' es das erste Mal, dass ich mir bewusst werde, ›da‹, ›da drin‹ und doch irgendwo ›außerhalb‹ zu sein.«[130]

Solche Erfahrungen werden »Unio Mystica« genannt oder auch »nunc stans«, das stillstehende Jetzt. Es besteht kein Bewusstsein mehr von Zeit, von Vergangenheit oder Zukunft. Alles ist gegenwärtig:

»Denn in der Ewigkeit gibt es kein Gestern noch Morgen, da gibt es nur ein gegenwärtiges Nun; was vor tausend Jahren war und was nach tausend Jahren kommen wird, das ist da gegenwärtig und ebenso das, was jenseits des Meeres ist.« Und: »Gott erschafft die Welt voll und ganz in diesem Augenblick. Alles, was Gott vor 6000 Jahren erschuf, als er die Welt machte, das erschafft er jetzt allzumal.« So beschreibt es Meister Eckhart zu Beginn des 14. Jahrhunderts.

In der mystischen Erleuchtung dringt eine tiefere Schicht der Wirklichkeit in das Bewusstsein ein. Nicht anders als in den Erfahrungen der transpersonalen Psychologie, in so manchen Nahtod-Erlebnissen oder auch bei seltenen Durchbrüchen in regelmäßig praktizierter Meditation. Es ist eine Wirklichkeit, die immer da war, die man aber nicht gewahrte. Eine im Grunde unbeschreibliche Wirklichkeit, die im eigenen Ich und in der Alltagswirklichkeit rundum verborgen ist. Sie zu erfahren heißt von Freude und Staunen »durchkitzelt« zu werden, wie Eckhart es ausdrückt. Plötzlich lichtet sich das unbegreifliche, allzeit gegenwärtige Geheimnis, das uns im Alltag stets umgibt, ohne je fassbar zu sein. Viele nennen es Gott.

Die Grundkategorie solcher Erleuchtungserfahrung ist »Sehen«, nicht »Hören«. Was ins Ohr geht, fällt in die Kategorie des Verstehens – auch biblischer Texte zum Beispiel. Der Theologe Bruno Borchert sagt es so: »Glaube ist Wissen vom Hörensagen, auf Grund der heiligen Schriften oder auf Grund der Lehrinstanz, die diese interpretiert. Dieses maßgebende Wort kann man mit eigener Erfahrung verbinden und bejahen. Mystik dagegen heißt von innen heraus wissen. Es ist ein unmittelbares Wissen.«[131] Während der satzhafte Glaube auf das Grenzziehen, das De-finieren, das rationale Unterscheiden von wahr und falsch angewiesen bleibt, ist mystisches Wissen ganzheitliches Gewahrwerden – ein Schauen und ein Wissen ohne Grammatik. Hält sich der Glaube an heilige Schriften und kirchliche Lehre, so führt der mystische Weg durch diese hindurch und letztlich dann aus ihnen heraus zur lebendigen Erfahrung Gottes als dem Urgrund des Seins.

Eckhart schließt den Himmel auf

Aber wieso kann ich meine Beziehung zu Gott in solchen Beschreibungen deutlich wiedererkennen, wenn ich selbst die »Unio Mystica« oder ähnliche plötzliche Erleuchtungen noch nicht erlebt habe? Ich denke, es gibt auch den Weg der allmählichen Entwicklung hin zu einer mystischen Gottesbeziehung. Am ehesten noch, wenn eine entsprechende religiöse Disposition, eine Prägung vorgegeben ist.

Meine eigene religiöse Disposition, soweit ich sie durchschaue, hat sogar einmal unmittelbar auf meinen beruflichen Werdegang durchgeschlagen. Ich hatte mich im zweiten Jahrzehnt meiner Arbeit als Zeitungsredakteur bei einem erfolgreichen Verlag für anspruchsvoll gestaltete Kalender beworben. Ein Unternehmen mit hohem Millionenumsatz. Der Verleger setze sich mit mir in Verbindung und ich merkte bald, ich sollte als sein Assistent so etwas wie der Sohn sein, den er nicht hatte, dem er aber sein Unternehmen anvertrauen würde. Wir hatten lange Gespräche, auch über Religion. Schließlich würde sich der Mann einen Theologen einhandeln. Auf mich würde eine so anspruchsvolle wie rastlose Management-Tätigkeit zukommen. Dann schaute er mir bei einem unserer Gespräche ins Gesicht und sagte halblaut: »Wenn ich nur wüsste, ob Sie ein meditativer Typ sind.« Zwei Wochen später war er sicher. Er hatte sich ein graphologisches Gutachten zu einem handschriftlichen Text von mir anfertigen lassen. Das Ergebnis: Der Schreiber dieser Zeilen neigt zu einem »meditativen Verhältnis zur Welt«. Für hochaktive Managementaufgaben ist er weniger geeignet. – Aus war's. Vielleicht bin ich da ja auch vor etwas bewahrt geblieben.

Eine allmähliche Entwicklung aus einer meditativen Grundhaltung heraus hin zur lebendigen Mystik: Ich habe dies, denke ich, so erfahren, gipfelnd in meiner Begegnung mit Meister Eckhart. Dieser Dominikaner-Gelehrte, um 1260 bei Erfurt geboren und daselbst alsbald Prior und Generalvikar für die Ordensprovinz Böhmen, wird nach Lehrtätigkeiten in Paris und Köln im Jahre 1328 von Papst Johannes XXII. zum Häretiker erklärt. Mir wurde er mit seinen Predigten zum Lebemeister. Dabei haben wir von ihm kaum mehr als 70 Predigten und ein paar theologische Traktate, alles in Mittelhochdeutsch.[132] Sicherlich hatte ich auch vor Eckhart schon mystische Schriften gelesen. Den »Cherubinischen Wandersmann« von Angelus Silesius[133] beispielsweise oder die Werke von Walter Nigg.[134] Islamische Mystik begegnete mir bei Annemarie Schimmel.[135] Und von der hinduistischen Einheitsmystik, der »Vedanta«, hat mir die Lektüre der Bhagavadgita[136] eine Ahnung vermittelt. Noch mehr die Beschäftigung mit dem Hindugelehrten Schankara, der zur Zeit Karls des Großen in Indien lebte und die Mystik der indischen Religion in funkelnder Klarheit entfaltete.[137] Aber erst ein monatelanger Umgang mit den Predigten Eckharts hat mir einen Durchbruch im Verstehen geschenkt. Ohne dass ich einen konkreten Zeitpunkt zu nennen wüsste, hat sich eines Tages mein religiöses Suchen in absolute Gewissheit verwandelt. Alles Fragen nach dem Leiden in der Schöpfung und nach der absurden Monstrosität des Weltalls kam in dieser Erfahrung zur Ruhe. Ohne Antwort. Gott als der liebende Urgrund des Seins leuchtete mir plötzlich ein. Einleuchtung, keine ekstatische Erleuchtung. Ich war beseelt. Gott hatte mir sozusagen »heim« geleuchtet. Mir war klar: Ich glaube nicht an Gott, ich weiß ihn, erfahre ihn als allzeit gegenwärtiges Geheimnis des Seins. Ich vernehme ihn in mir drin, oft ohne Worte. Und ich kann mich von ihm lieben lassen, einfach so. Ich erfahre es als Erlösung, dieses Mich-von-Gott-geliebt-Wissen, ohne Wenn und Aber. Und da ist kein Kreuz nötig und keine umständliche »Heilsgeschichte Gottes mit den Menschen«.

Um das zu verdeutlichen, möchte ich hier einmal ein paar Sentenzen aus Eckharts Predigten zitieren und erläutern, Sätze, die mir sozusagen direkt den Himmel aufschließen:

»Denn darin liegt ein großes Übel, dass der Mensch sich Gott in die Ferne rückt, denn ob er nun in der Ferne oder in der Nähe wandle, Gott geht nimmer in die Ferne, bleibt beständig in der Nähe, und kann er nicht drinnen sein, so entfernt er sich doch nicht weiter als bis vor die Tür.« Und das kann sich steigern zu der Erfahrung: »Die Seele nimmt ihr ganzes Sein unmittelbar von Gott; darum ist Gott der Seele näher, als sie sich selbst ist; darum ist Gott im Grunde der Seele mit seiner ganzen Gottheit.« Und weiter: »Wenn der Seele ein Kuss widerfährt von Gott, so steht sie in ganzer Vollkommenheit.« Aus einem Hochgefühl der Gottinnigkeit kommt dieses Wort: »Wäre aber ich nicht, so wäre auch Gott nicht. Dass Gott Gott ist, dafür bin ich die Ursache.« – Lächelnd fügt Eckhart solchen Feststellungen hinzu: »Darüber aber kommen manche Pfaffen zum Hinken.«

Eckhart ist gewiss: In der menschlichen Seele gibt es einen Kern, einen »Seelenfunken«, wie er es nennt, der mit dem göttlichen Seinsgrund eines ist. »Mit dem Teil ist die Seele Gott gleich, sonst nicht«. Wenn Gottes Licht in diesem Kern aufleuchtet, findet Einung statt. Der Mensch wird eins in Gottes Gegenwart. Gott »leuchtet ihm in allen Dingen«. Die unheilvolle Aufspaltung unseres Bewusstseins in Ich und Welt, Subjekt und Objekt ist aufgehoben. In abgeschwächten Maßen hat das wohl jeder Mensch schon einmal erfahren. Unerwartet überkommt uns bisweilen ein namenloses Einverstandensein mit uns selbst, mit der Welt ringsum, ein Einverstandensein, das nur wenige Augenblicke währt. Alle großen Religionen kennen diese Erfahrung. Für einen Moment haben wir in den Grund der Dinge geschaut und siehe: Die Welt ist heil. In den ekstatischen Erleuchtungserfahrungen, die ich vorgestellt habe, kommt das in absoluter Intensität zum Durchbruch.

Eckhart selbst spricht gar nicht von solchen plötzlichen Erleuchtungserlebnissen. Er ist ein gedankenreicher Mystiker. Berichte von überwältigenden Visionen, wie es sie bei vielen Mystikerinnen und Mystikern gibt, fehlen bei ihm. Dennoch gibt es genug Hinweise darauf, dass für Eckhart die schlichte Kontemplation selbstverständlich war. So spricht er von seinem »Stillesitzen«, bei dem er »in den Himmel emporgezogen« wurde. Er zitiert das biblische Buch der Weisheit: »Zur Zeit der Mitternacht, als alle Dinge im Schweigen waren, da kam, Herr, dein Wort herab.« Und dann diese Beschreibung vollendeter Meditation: »Lausche denn auf das Wunder! Draußen stehen wie drinnen, begreifen und umgriffen werden, schauen und zugleich das Geschaute selbst sein. Das ist das Ziel, wo der Geist in Ruhe verharrt, der lieben Ewigkeit vereint.« Mich erinnert dies unmittelbar an das oben beschrieben Nahtod-Erlebnis des Automechanikers Tom Sawyer: »Ich sah, wie sich unter mir märchenhafte Landschaften entfalteten. Und dann war ich plötzlich diese Landschaft selbst, war der silberne Fluss und der glitzernde Fisch darin.« Eckhart bezieht diese Erfahrung von Beobachten und das Beobachtete selbst sein direkt auch auf Gott: »Das Auge, in dem ich Gott sehe, das ist dasselbe Auge, darin mich Gott sieht. Mein Auge und Gottes Auge, das ist ein Auge und ein Erkennen und Lieben.« Paulus wäre damit nun gar nicht einverstanden gewesen: »Wir wandeln im Glauben und nicht im Schauen«, schreibt er[138] und zeigt damit, dass er von Mystik letztlich keine Ahnung hat, obwohl es diese zu seiner Zeit natürlich auch schon gab.[139]

Meditieren fällt vielen heute schwer, wenn sie es denn überhaupt versuchen. Wie soll man sich im Berufsalltag täglich die Zeit dafür freiboxen? Sich hinsetzen, die Augen schließen, den Atem beobachten und versuchen, die Gedanken ins Leere laufen zu lassen. Reines Nichtstun, gegenstandslose Meditation also; manche nennen sie Kontemplation. Das ist in unserer so hektischen Zeit nicht leicht zu bewerkstelligen. Ich habe das auch selten genug konsequent durchgehalten. Aber mindestens einmal über ein ganzes Jahr hinweg. Anleitungen dafür gibt es in jeder Buchhandlung. Man kann das natürlich auch in Gemeinschaft üben, Meditationshäuser aller Art stehen im Internet. Zum Beispiel der von Willigis Jäger begründete *Benediktushof* bei Würzburg. Dort wird Kontemplation mit den buddhistischen Techniken des Zen geübt. Das Ziel ist immer dasselbe: Es geht darum, das Denken anzuhalten. Unsere Gedanken fließen unaufhörlich vor sich hin, in der linken Gehirnhälfte, dort, wo das Verstehen und Erklären stattfindet. Ein Gedanke gibt den anderen. Und so werden wir unser selbst nie richtig bewusst. Wobei solches Bewusstwerden auch wiederum keine Sache des Denkens ist. Bewusstwerden kommt uns tatsächlich aus dem »Nichts« zu. Genau dieses »Nichts« ereignet sich in einer gelingenden Kontemplation. Es ist *das* Nichts. Mystiker aller großen Religionen kennen es als Quelle sanfter Seligkeit, Gelassenheit und starken Selbstbewusstseins. Auch Dichter wissen darum. Bertolt Brecht hat sich da einmal einen Reim drauf gemacht:»Geh ich zeitig in die Leere, komm ich aus der Leere voll. Wenn ich mit dem Nichts verkehre, weiß ich wieder, was ich soll.«

Beim Meditieren können sich merkwürdige Erfahrungen einstellen. Auch Eckhart kennt sie, warnt aber davor, sie besonders ernst zu nehmen. Doch hinschauen und staunen darf man schon mal. Besonders von indischen Yogis werden unglaubliche Widerfahrnisse berichtet. So versank der Guru Ramakrischna[140] beim Meditieren oftmals in eine Tage während Starre. Er saß da wie ein Steinblock. Seine Schüler mussten ihn dann fast eine Stunde lang rütteln und schütteln, bis er aus einer solchen Meditation an die Oberfläche des Bewusstseins zurückkehrte. Und immer wieder wird auch von Lichterscheinungen berichtet. Die kommen bei meditativ veranlagten Menschen auch vor, wenn sie gar nicht aktuell meditieren. Mein vor Jahren verstorbener Freund Gothelm Lüers, Theologe und Streetworker in Hamburg, der mir einst Eckhart in die Hand gedrückt hatte, schreibt:»Es war am frühen Abend, und ich saß in meinem Zimmer allein. Da drang helles mildweißes Licht von allen Seiten, auch von oben und unten auf mich zu, sodass um mich her nichts Dämmriges oder Dunkles mehr war. Ich sah mich ganz eingehüllt in dieses Licht und ich spürte zugleich seine Kühle, seine fließende Bewegung, sein feines bebendes, wie Atemzüge auf- und nieder und hin- und herwehendes Strahlen und Schwingen. Es durchfuhr meinen Körper, ohne dass ich widerstand oder eine Schwere oder Anstrengung empfand. Stattdessen durchrieselte mich beständig ein erfrischendes Prickeln oder zartes Brennen, das mir deutlich mit der unausgesetzten Bewegtheit des Lichts zusammenzuhängen schien. Dieses Licht blendete nicht, es hatte etwas durch und durch

Lösendes und Wohltuendes. Es schien nicht anzustrengen, machte mir jede Bewegung ganz leicht, leichter, als wie man sich im Wasser bewegt. Doch wurde ich bald müde. Ich legte mich hin und überließ es dem Licht, was weiter aus mir würde. Ich werde bald eingeschlafen sein und bin wohl kurz darauf wieder erwacht; da war's stockdunkel und die Lichterscheinung vorüber.«[141]

Meditation ist für Eckhart vor allem ein Weg, das »Loslassen« einzuüben. Damit Gott Einlass finde in die Seele, muss sich der Mensch freihalten von allen Bindungen des Wollens, Denkens, Glaubens und Hoffens. All dies muss er loslassen, muss gelassen werden, gelöst sein. »Geh aus und lass dich«, fordert Eckhart immer aufs Neue. Der Mensch soll einer sein, »der nichts will, nichts weiß und nichts hat«. Dieser Mensch begibt sich in die Finsternis, indem er an »nichts hafte oder hänge und blind sei«. Rhetorisch fragt der Meister: »Soll ich denn so völlig in der Finsternis stehen?« Und er gibt die Antwort: »Ja sicherlich! Du kannst niemals besser dastehen, als wenn du dich völlig in Finsternis und Unwissen versetzt. Wer Gott schauen will, der muss blind sein. Gott ist ein wahres Licht, das da leuchtet in der Finsternis.« Immer neue Wendungen findet Eckhart für diesen Vorgang des inneren Sich-Lösens von den Dingen der Welt: »Drum wirf sie hinaus, alle Heiligen und unsere Frau Maria aus deiner Seele, denn sie sind alle Kreaturen und hindern dich an deinem großen Gott. Ja selbst deines gedachten Gottes sollst du quitt werden, all deiner doch so unzulänglichen Gedanken und Vorstellungen über ihn: Gott ist gut, ist weise, ist gerecht, ist unendlich. All dies ist er nicht. Nimm ihn ohne Eigenschaften in der stillen Wüste seiner Gottheit namenlos«. Mit Augustin besteht Eckhart auf atemberaubender Einfachheit: »Gott und die Seele! Nichts anderes? Durchaus nichts!« Dies wird auch als »negative Theologie« bezeichnet: »Je mehr ich weiß, was Gott nicht ist, desto mehr weiß ich von Gott«, sagt Maimonides, der große jüdische Mystiker des Mittelalters.

Der lebendige Gott begegnet dir, behauptet Eckhart, indem du den Dingen um dich her erstirbst und dich deiner Seele zuwendest. Dies kann in der Meditation geschehen, es kann aber auch, und wichtiger, im selbstvergessenen Wirken mitten im Alltag vor sich gehen. Eckhart bietet keine Methode, wie die Einigung mit Gott erfahren werden kann. Er warnt vielmehr: »Wer Gott in einer bestimmten Weise sucht, der nimmt die Weise und verfehlt Gott.« Entscheidend ist das Gelöstsein von den Dingen der Welt, die Passivität der Seele, die Gelassenheit. Sie wird wirksam im Durchbrechen aller Besitzstrukturen, vor allem des Selbstbesitzes. Diese Haltung gilt es einzuüben, am besten mitten im weltlichen Tun: »Man soll nicht wirken um irgendein Warum (mittelhochdeutsch: sonder warumbe), sondern einzig um dessen willen, was das eigene Leben in einem ist. Manche einfältigen Leute wähnen, sie sollten Gott so sehen, als stünde er dort und sie hier. Dem ist nicht so. Man soll Gott nicht als außerhalb von einem selbst ansehen, sondern als das, was in einem ist. Gott und ich, wir sind eins. Gottes Sein ist mein Leben.« Dabei kommt es nicht auf das Ergebnis des Wirkens an. »Unsere Seeligkeit liegt nicht in unserem Wirken, sondern darin, dass wir Gott in uns wirken lassen.« Der Schwerpunkt liegt nicht darin, Gott zu erfahren, im meditativen Schauen zum Beispiel, und dann den Weg in die Welt anzutreten. Es geht vielmehr in erster Linie darum, Gotteserfahrung *als* Weg in die Welt einzuüben. Schwierig ist diese Unterscheidung bei Eckhart gewiss. Für ihn ereignet sich die Idealform des Schauens mitten im Tun: Theorie und Praxis in eins, Maria und Martha gleichzeitig,[142] darauf will er hinaus. »Das Mysterium findet im Hauptbahnhof statt«, übersetzt Willigis Jäger dies für uns Heutige. Die so geschehende Wirkeinheit mit Gott ist zugleich spannend, feierlich, »von Freude durchkitzelt«, erlösend und beseligend.

Wer so etwas hört, kann wohl rasch neidisch werden. Oft habe ich beim Lesen solcher Sentenzen des Meisters gedacht: »Das ist reines Gold. Aber ich kann es nicht fassen.« Eckhart spricht das Problem selbst an: »Nun aber sagen manche Leute: Ihr tragt uns schöne Reden vor, wir aber werden nichts davon gewahr. Das gleiche beklage auch ich! Dieses Sein in Gott ist so edel und doch so allgemein, dass du es nicht zu kaufen brauchst, weder um einen Heller noch um einen Pfennig. Hab nur ein rechtes Streben, so hast du es.« Und an anderer Stelle sagt er:»Niemand soll glauben, dass es schwer ist hierzu zu gelangen, wenngleich es schwer klingt und auch schwer ist am Anfang und im Abscheiden und Absterben gegenüber allen Dingen. Aber wenn man erst einmal hineinkommt, so hat es nie ein leichteres, lustvolleres und liebenswerteres Leben gegeben.« Zum Glück räumt Eckhart auch ein: »So gibt es Leute, die fahren übers Meer mit halbem Wind, und kommen auch an.«

Jahrhundertelang ist es um Eckhart still gewesen. Er war schließlich per päpstlicher Bannbulle als Häretiker verurteilt. Er hatte zwar noch versucht, sich gegen die Anwürfe der Kurie vor Ort in Avignon zu verteidigen,[143] ist aber zu Beginn seines Prozesses im Alter von 68 Jahren gestorben. Und so heißt es in der Bannbulle von Papst Johannes XXII.: »Mit Schmerz tun Wir kund, dass in dieser Zeit einer aus deutschen Landen, Eckhart mit Namen und, wie es heißt, Doktor und Professor der Heiligen Schrift, aus dem Orden der Predigerbrüder, mehr wissen wollte als nötig war und nicht nach der Richtschnur des Glaubens lehrte.«

So kam es, dass viele Predigten Eckharts erst im 19. Jahrhundert wieder nach und nach unter Tausenden alten Handschriften in verstreuten Klosterbibliotheken neu entdeckt wurden. Und seit einigen Jahrzehnten gibt es so etwas wie eine Eckhart-Renaissance. Mystik wird immer deutlicher als Erfrischungskur für ein im Lehrglauben erstarrtes Christentum erkannt. Schon vor Jahren hat Dorothee Sölle das so begründet: »Mystik ist die Seele der Religion, ohne Mystik verkommt die Religion, sie wird eine Buchreligion, eine sakramentale Religion, eine Pfaffenreligion, eine Kirchenreligion, ohne weiter in das Herz der Menschen auszugreifen«. Auch die Philosophie ist auf Eckhart aufmerksam geworden. Ludwig Marcuse charakterisiert den Meister aus Thüringen so: »Eckhart war der radikalste Denker unter den Mystikern. Er war die Aufklärung ohne Verklärung, war aufgeklärter als die Aufklärung. Er war viel gefährlicher als Luther. Eckhart deckte den Abgrund auf, den alle Religionen und Philosophien zudeckten.«[144]

Unredlich ist es deswegen, wenn manche katholische Theologen heute versuchen, Eckhart einfach in die kirchliche Dogmatik einzugemeinden. Man will sich mit seinem Namen schmücken und ihn gewissermaßen heimholen in die Rechtgläubigkeit. Mystik ist schließlich »in«. Hatte doch selbst der große Karl Rahner bekannt, der Christ der Zukunft werde Mystiker sein, einer, der etwas erfahren hat, oder er werde gar nicht sein. Also muss man Eckhart, soll er dazugehören, flugs eine astreine Trinitätslehre andichten. Dabei kann doch kein Zweifel daran bestehen, dass der Meister zwar von dem Gottessohn und vom Heiligen Geist spricht, wie sollte er damals auch anders, aber beide ganz in der Erfahrung des einen und einzigen Gottes aufgehen lässt. Wenn für jemanden das »Solo Dios, basta!« der Teresa von Avila gilt, dann ist es Eckhart. Allein durch Gott selbst geschieht Erlösung, basta! Jesus ist für Eckhart »ein Bote von Gott zu uns gewesen. Und die Seligkeit, die er uns zutrug, die war unser«. Das heißt, Jesus hat sie in uns geweckt.

In Wirklichkeit aber kommt die mystische Erfahrung heute in beiden Konfessionen allenfalls am Rande vor. Willigis Jäger bringt es auf den Punkt: »Im römischen Katechismus mit seinen 800 Seiten wird das Wort Mystik nicht einmal genannt. In der katholischen Lehre ist die Mystik der Dogmatik zugeordnet. Sie wird von der rationalen Glaubenslehre kontrolliert und hat überhaupt nur eine Chance, wenn sie sich auf deren abstrakte Begrifflichkeit einlässt und sich gewissermaßen redogmatisiert.« Zu denken geben sollte in diesem Zusammenhang auch die kleine über Thomas von Aquin überlieferte Geschichte: Er, der die göttliche Offenbarung in seinem zentnerschweren Werk mit menschlichen Denkmitteln zu erfassen suchte, bekennt nach einem Erleuchtungserlebnis in einer Kapelle: »Alles, was ich geschrieben habe, kommt mir vor wie Stroh im Vergleich zu dem, was ich gesehen habe.« Fortan hat er bis zu seinem Tod im Jahre 1274 nichts mehr geschrieben.

War Jesus ein Mystiker?

Geschrieben hat Jesus von vornherein nichts. Keine einzige Zeile hat er uns hinterlassen. Er lebte in der Unmittelbarkeit zu Gott, von dem er sich geliebt wusste. Und er zog andere da hinein. Das tat er in einer um die Tradition unbekümmerten Intensität, in der er bildlich »auf dem Wasser ging«.[145] In dieser Intensität liegt das Geheimnis seiner bis heute anhaltenden Nachwirkung. Jesus entwickelte und lebte eine vorbehaltlos innige Beziehung zu Gott, geprägt von absolutem Vertrauen in dessen liebende und bejahende Gegenwart. Darin werden Gesetzesgehorsam, Bibelstudium, Tempel, Rituale und Priesterschaften unwichtig und nebensächlich. Und auch für sich selbst hat er nichts anderes beansprucht, als Bote und Therapeut zu sein. Einzig Gott stand für ihn im Mittelpunkt des Glaubens. Darin war Jesus eindeutig Mystiker.

Das auszusprechen war und ist in der christlichen Theologie tabu. Es ist auch nicht so leicht zu entdecken. Denn im Neuen Testament steht schließlich Jesus selbst als der unseretwegen getötete Gottessohn Christus weithin im Mittelpunkt des Glaubens. Mystik findet sich da nur spurenweise, sie leuchtet hier und da in den Briefen und Evangelien schon mal auf. Erst über den Umweg der historisch-kritischen Evangelienerforschung wurde sichtbar, dass Jesus wirklich Mystiker war.[146] In diesem Sinne könnte der Jubelruf bei Matthäus tatsächlich von ihm stammen: »Ich preise dich, Vater, weil du all das den Weisen und Klugen verborgen hast.«[147] Mir selbst hat Meister Eckhart geholfen, das zu erkennen. Erst durch seine Predigten fand ich wieder existenzielles Interesse an dem Jesus hinter den Evangelisten. Ich bin sozusagen über Erfurt nach Nazaret gekommen. Und heute, denke ich, kann ich mit Jesus übers Wasser gehen, unbekümmert um Traditionen und Konventionen.

Ein Stachel bleibt. Er wird in einem Brief meiner alten Studienfreundin Elke sichtbar. Wir waren gemeinsam im *Sozialistischen Deutschen Studentenbund* in Mainz engagiert. Elke schreibt: »Ich habe deine Beiträge im Jesus-Dossier gelesen. Für mich ist die Fahndung nach der historischen Wahrheit nicht so wichtig. Jesus ist einfach die einzige ›göttliche‹ Figur, die sich mit den Armen und Benachteiligten identifiziert, die ihnen den Konventionen zuwider Solidarität, Liebe und Trost gewährleistet. Weil ich das so sehe, bin ich wahrscheinlich ziemlich christlich. Und ich denke, ich bin auch spirituell ganz nah an deinem Ansatz. Dennoch traue ich deiner und meiner Mystik nicht über den Weg. Es ist uns beiden ja auch ein ganzes Leben gut gegangen, wir sind beide Gerettete. Da hat die gefühlte Gottesgegenwart leichtes Spiel. Die historisch einmalige Sicherheit und Freiheit unserer persönlichen Lebenswelt mag dieses Gefühl erzeugen, dass da jemand für uns da ist. Das ist aber vielleicht auch eine Illusion. Wie soll denn ein von den eigenen Eltern geschlagenes, gequältes, halbverhungertes Kind Gott wahrnehmen?«

Diesen Stachel kann man nicht herausziehen. Nicht in der Schultheologie und nicht in der Mystik. Er sitzt jedem Gottesgläubigen im Fleisch. Aber man kann damit leben, und in der Mystik allemal besser als in der gedachten Theologie. Wird es doch immer deutlicher: Mystik ist die uns heute angemessene Art zu glauben, erfahrungsbetont, auf dem Wasser gehend, »in der Wolke des Nichtwissens« beheimatet,[148] jenseits von Begriff und Denken. Mystik entspricht dem Geist unserer epochalen Zeitenwende, in der eines deutlich wird: Je mehr wir wissen, desto weniger verstehen wir. So ist Mystik heute auch mit einer Naturwissenschaft vereinbar, die in der Physik an die Grenzen des Erkennbaren gestoßen ist. Sie geht mit Psychologie und transpersonalen Erfahrungen gut zusammen. Und: Mystik hat einen Religionen übergreifenden Geist. Es gibt sie in allen großen Religionen auf unserer Erde. Darin ist sie einfacher und nachvollziehbarer als alle Lehren und Rituale. Zudem kann Mystik nachhaltig geschult und eingeübt werden. Was man in Religionsunterricht, Vorlesung und Predigt zu hören bekommt, ist dagegen heute immer schwerer zu verinnerlichen.

FREILAUFENDE CHRISTEN – KIRCHE WOHIN?

Viel Lärm um ein Museum

Enttäuschte Liebe

Religionsstunde im evangelischen Gymnasium: Zwei Mitschüler geraten unversehens in einen spannenden Dialog über den Glauben. Interessiert hören wir anderen zu; da sind zwei von uns für wenige Augenblicke richtig bei der Sache: Fragen, die einleuchten, und vorsichtige Antworten. Dann plötzlich ein Satz des Lehrers: »Gottes Wort sagt es aber anders!« – Ende der Diskussion. Die Spannung verpufft. Was kommt, Gottes Wort eben, das haben wir schon hundertmal gehört. Es be-»trifft« uns nicht.

»Was ist denn eigentlich der ÖRK?« Acht Kolleginnen und Kollegen sitzen in der Redaktionskonferenz und rätseln über eine Agenturmeldung. Rosien weiß die Antwort: »Ökumenischer Rat der Kirchen mit Sitz in Genf.« Gut, ich bin Theologe und sollte das wohl wissen. Aber zu denken gibt es doch: Beieinander sitzen die »Leitenden« einer säkularen Regionalzeitung mit rund 70 Redakteuren, Anfang der siebziger Jahre. Das Wissen um Glaube und Kirchen ist äußerst dünn. Die meisten Kollegen sind wie selbstverständlich säkular eingestellt, viele auch aus der Kirche ausgetreten. Kluge Köpfe darunter und wache Beobachter der Zeitläufte. Sie sind keineswegs kirchenfeindlich, aber Religion und Kirche sind ihnen gleichgültig. Ich sitze da und denke manchmal: Mein Gott, habt ihr es gut. Ihr habt den Glauben samt Kirche einfach abgeschrieben, ist für euch erledigt. Fertig, aus! Und ich komme von meinen Büchern und meinem Ringen mit Glaubensfragen nicht los: Dabei möchte ich mir auch einmal das ganze Zeug einfach am Hemd abwischen – so wie man es mit fettigen Händen tut. – Ich habe es nicht gekonnt.

Damals, zu Beginn meines Berufslebens, war ich religiös ziemlich verzweifelt. Meister Eckhart war mir noch nicht über den Weg gelaufen. Ich hatte auch gewiss versucht, in der einen oder anderen der evangelischen Gemeinden der 50 000-Einwohner-Stadt Fuß zu fassen. Aber, frisch von der Uni kommend, empfand ich das Gemeindeleben als hinterwäldlerisch und grotesk. Eines Tages bin ich auf das Standesamt gegangen und aus der Kirche ausgetreten. Kostenpunkt: Zehn Mark. Irgendwie wollte ich mir wohl doch einmal die Hände am Hemd abwischen.

Ein paar Jahre später stand er dann auf der Matte, der Meister, bei dem ich spirituell endlich Boden unter die Füße bekam, Eckhart mit seinen Predigten. Seither bin ich endlich richtig geborgen in dem Gott des Jesus von Nazaret, zu dem der Mystiker aus Erfurt mir die Tür geöffnet hat. Was Kirche und Schultheologie davon halten, ist mir dabei ziemlich egal. Geholfen haben sie mir im Entscheidenden überhaupt nicht. Meinen Gott habe ich nicht bei ihnen finden können, sondern fast nur gegen sie. Geblieben ist mir allerdings der Verdacht, dass der Gott dieser Kirche ohnehin genau noch der sein könnte, von dem Jesus sich einst lossagte. Der Gott rechtlich unterlegter Verbindlichkeiten in Lehre, Kult und Leben. Der Gott, der Ehrfurcht heischt und Gehorsam fordert. Der Gott einer gottesfürchtigen Minderheit, die glaubt, nur sie habe den rechten Zugang zu ihm, altprotestantisch oder neuscholastisch.

Ein kleines Indiz dafür sollte ich rasch finden. Mit meinem endlich fundierten Glauben wollte ich damals alsbald auch wieder in die Kirche eintreten. Ich habe das auch geschafft. Aber man frage nicht wie? Heute kann man an jeder Straßenecke wieder eintreten, der Zeitgeist ist so und die kirchliche Finanzlage auch. Damals aber wollte der

Pfarrer von mir zuvor ein öffentliches Schuldbekenntnis vor der Gemeinde und dazu noch einen mehrwöchigen Katechismusunterricht. Dabei hatte ich ihm meine Zeugnisse gezeigt: abgeschlossenes Theologiestudium. Ich habe sein Ansinnen abgelehnt, fertig aus. Ein Jahr später, ich war umgezogen, in der neuen Gemeinde dasselbe Theater. Ich brauchte zwei nachtlange Diskussionen mit dem Pfarrer, bis der sich bereit fand, mich in einer kleinen Zeremonie in der Sakristei wieder in die Kirche aufzunehmen, nicht ohne mir zuvor drei Monate Bedenkzeit verordnet zu haben.

In diesen Anekdoten spiegelt sich etwas von meinem Verhältnis zur Kirche wieder. Ich habe, das spüre ich immer wieder, eine tiefsitzende Wut auf diese Kirche! Gleichzeitig komme ich von ihr nicht los. Für mich ist es die Geschichte einer enttäuschten großen Liebe. Heilige Versprechungen hat sie mir gemacht, aber als es darauf ankam, konnte sie sie nicht einlösen. Sie weckte Sehnsucht nach religiöser Erfüllung, stellte aber ungedeckte Schecks darauf aus. So haben das auch unzählige andere Kirchenmitglieder immer wieder erfahren. Und so habe ich das in dem evangelischen Internat erfahren, in dem ich meine Jugend verbrachte. Besonders in der Pubertät, als ich wirklich eine haltgebende und befreiende religiöse Orientierung gebraucht hätte, »mutter- und vaterseelenallein«, wie ich damals war. Natürlich ist mir das erst aus der Rückschau in späteren Jahren richtig bewusst geworden, wie sehr ich damals religiösen Halt gesucht und vermisst habe. Und wie unfähig die Kirchen*männer* um mich herum waren, mir den zu geben. Sie waren einfach wie zugenagelt mit ihrem »Gottes-Wort«. Fertige Wahrheitsbesitzer, die überhaupt keinen Blick hatten für die Fragen, Glaubenshemmnisse und Sehnsüchte, die uns Jugendliche umtrieben. Was sie uns verkündeten und predigten, war irgendwie längst unwahr geworden, das spürten wir, es passte auf jeden Fall mit unserem Leben und mit unseren jungen Erfahrungen und Bedürfnissen überhaupt nicht zusammen. Worte wie aus einer anderen Welt, Sätze aus Kanaan, nicht aus Hamburg. Später im Theologiestudium nicht viel anders: Apologetik auf der ganzen Linie, Glaubensverteidigung also. Treue als Theologenpflicht, Treue zum Text, zum Bekenntnis, zur Kirche. Der Glaube stand fest. Man musste ihn nur richtig lernen. Hinterfragen, Erörtern, auf Erfahrungselemente abklopfen – das war alles nicht drin. Das begann erst langsam mit den 68ern. Die einzige Ausnahme an vielen Fakultäten war die historisch-kritische Bibelforschung. Um die kam man einfach nicht herum. Heute haben die Studenten von damals sich als Pfarrer die Kirchen leer gepredigt. Und die Theologie steht im Ansehen eines Orchideenfaches. Ganz so wie die »Baggerkunde« im Vorlesungsverzeichnis der Hamburger Universität.

Trotz allen Enttäuschtseins habe ich mich seit meinem Wiedereintritt immer wieder in der Kirche engagiert. Habe in vielen Gemeinden mitgearbeitet, in Gesprächskreisen, mit Vorträgen, in Theateraufführungen und mit Thomasmessen. Lange Zeit war ich neben meiner Arbeit bei *Publik-Forum* auch für den Gemeindebrief in meiner Wohngemeinde am Taunus verantwortlich. Der Pfarrer ließ mich machen, zusammen mit einem kleinen Team. Es gab beachtliche Resonanz in dem Städtchen. Und obwohl ich in dem Blatt bisweilen recht kritisch über den traditionellen Glauben nachdachte, ich kannte auch die Grenzen, die ein Gemeindebrief selbst bei einer liberalen Leserschaft schwerlich überschreiten kann. Geschrieben habe ich den Brief aber auch in erster Linie für die Mehrheit der kirchenfernen Gemeindemitglieder. Die bekamen ihn ja auch zugestellt. Zu diesen zähle ich mich trotz allen Engagements immer auch selbst. Ich bin ein kirchenferner Zeitgenosse, der in der Kirche nie richtig heimisch werden durfte, aber leidenschaftlich an Glaube, Theologie und Kirche interessiert ist.

Immer wieder bin ich in all den Jahren Pfarrerinnen und Pfarrern begegnet, die gut auf ihre Mitmenschen eingehen konnten und eine hochengagierte Arbeit in der Gemeinde machten. Trotzdem habe ich oft beobachtet und in Gesprächen vor allem mit evangelischen Geistlichen auch erfahren, wie unglücklich viele mit ihrer Kirche sind. Der sichtliche Bedeutungsverlust von Glaube und Kirche in der Gesellschaft nagt an ihnen. Selbst in den Gemeinden ist das Interesse an religiösen Themen erdrutschartig verfallen. In vielen Gemeinden kann man gar nicht mehr über den Glauben sprechen, ein Gesprächskreis geht einfach nicht zusammen. Und dann der Gottesdienst. In katholischen Gemeinden ist er ja oft noch ganz gut besucht. Zwischen 20 und 10 Prozent der Gemeindemitglieder finden sich ein, bei deutlich rückläufiger Tendenz indes. Bei den Evangelischen dagegen kann sich der Pfarrer oft anstrengen, wie er will, es kommen einfach nicht mehr Leute. Und die, die kommen, sind fast immer dieselben, meist über 50 und weiblich. Das kränkt und frustriert viele Pfarrerinnen und Pfarrer. Natürlich gibt es auch Ausnahmen. Aber evangelisch scheint die Regel zu sein: Volkskirche ist Kirche für das Volk, das nicht zur Kirche kommt. Viele Geistliche sehen sich auf die Funktion von Zeremonienmeistern reduziert, Bewahrer der Riten und Dekorateure familiärer Feste an den Wendepunkten des Lebens. Irgendwas läuft prinzipiell falsch in dieser Kirche. Mir ist das bei allem Zorn nicht egal. Ich bange um die Zukunft dieser Institution. Ohne Kirche geht sie nicht, die Sache mit Gott. Aber was soll werden, wenn sie mit Kirche auch nicht mehr geht?

Das Religions-Vakuum

Sicher ist, Feindseligkeit gegen die Kirche ist heute passé. Was will man denn auch gegen ein Museum polemisieren? Da gibt es halt einen altertümlich gewandeten Wärter und ein kleines Stammpublikum. Als Gebäude steht das Museum auch noch unter Denkmalschutz. Denkmäler achtet man. Man geht an einem Denkmal vorüber in der Überzeugung, es repräsentiere etwas, das zu unserer Vergangenheit nun mal dazugehöre. Und manchmal muss man eventuell dieses Denkmal, dieses Museum persönlich aufsuchen, muss mit dem Wärter sprechen, denn es soll ein Familienfest gefeiert werden. Dafür zahlt man dann auch einen regelmäßigen Beitrag, sozusagen eine Spende für die Denkmalpflege und vielleicht auch als ein kleines »Brandopfer«. Wer weiß?

Doch: Aufgrund solcher regelmäßigen Beiträge hat Deutschland noch immer mit die reichsten Kirchen auf der Erde, vermutlich die bestbezahlten Pfarrer und hervorragend ausgestattete theologische Fakultäten. Dazu 27 Diözesanverwaltungen und 23 regionale Kirchenkanzleien mit Apparaten, die jeder für sich beispielsweise den Mitarbeiterstab des Genfer *Ökumenischen Rats der Kirchen* voll in den Schatten stellen. Aber das kirchliche Leben liegt brach. Die Ortsgemeinden dümpeln vor sich hin. Nur jedes zehnte Kirchenmitglied ist noch mehr oder weniger dabei. 90 Prozent *der Mitglieder* ist der ganze Betrieb egal. Für diese riesengroße Mehrheit der Kirchenfernen haben Theologie und Kirche kein Angebot und keine Sprache. Ihre Verkündigung erbaut nur noch Minderheiten. Im Querschnitt beider Großkonfessionen besuchen noch sieben Prozent der 50 Millionen Kirchenmitglieder mehr oder weniger regelmäßig einen Gottesdienst. Die intensivsten Anstrengungen von Pfarrern, Religionslehrern und anderen kirchlichen Mitarbeitern erweisen sich als ungeeignet, die Jugend des Landes zu gewinnen. Kirchenaustritte häufen sich. Verkündigung und Lehre strahlen nicht kreativ auf das öffentliche Leben aus. Die kulturelle und gesellschaftliche Bedeutung der Kirchen und der christlichen Religion nimmt stetig ab. Da helfen auch Bach-Konzerte nicht weiter. Gerade die Bildungseliten, die Modernisierer und Innovationsagenten ziehen aus. Kirche wird provinziell und kleinbürgerlich. Die säkularen Medien nehmen Kirche und Glaube kaum mehr zur Kenntnis. Die kircheneigenen Medien haben keine Ausstrahlungskraft. Der christliche Glaube wirkt auf viele Menschen leer und fremdartig. Überdies zieht er sich immer mehr in die Privatsphäre der Gläubigen zurück, wird unfähig zur Kommunikation.

Das ist nun allerdings auch in unseren Nachbarländern so, eigentlich in ganz Europa. Während in anderen Teilen der Welt die Religion boomt, pfingstlerisch, islamisch, hinduistisch oder sonst wie, haben wir in Europa ein Religions-Vakuum. Darin schwirren Esoterik, freischwebende Spiritualität und viel religiöse Sehnsucht herum, aber kein zukunftsfähiger christlicher Glaube. Das hat Ursachen in der Vergangenheit, die mit den Kirchen und ihrer Verkündigung nur unterschwellig zu tun haben. Aufklärung, Industrialisierung, Zwang zur Individualität und Globalisierung haben gewiss ihren Teil zu diesem Vakuum beigetragen. Sie haben die Menschen im christlichen Abendland religiös kräftig durchgeschüttelt: Viele haben tatsächlich »keinen Ort« mehr, sind seelisch nirgends zu Hause. Aber alle diese Entwicklungen haben auch Nordamerika geprägt. Und doch sind dort Glaube und kirchliches Leben heute noch sehr lebendig. Bei uns aber kam eine weitere und sehr tief reichende religiöse Desillusionierung hinzu. Denn von Europa aus ist das blutigste und leidvollste Jahrhundert der bisherigen Geschichte über die Menschheit gebracht worden. In Russland, Deutschland, Italien und Spanien haben die Menschen ihre Seelen an Diktatoren ausgeliefert, die ihnen den Himmel auf Erden versprachen. Die Kirchen haben es nicht verhindern können; zum Teil waren sie sogar darin verstrickt. Geendet hat alles in entsetzlichen Blutbädern, Zerstörungen und albtraumhaften Enttäuschungen. So etwas prägt die Seelen unterbewusst über mehre Generationen hin. Wir Europäer sind abgeklärt, was große Worte und große Gesten angeht. Wer uns etwas von Gott erzählen will, der muss anders daherkommen als früher.

Die Kirche muss sich neu erfinden

Wir haben in Europa religiös eine historisch noch nie dagewesene Situation. Geht es um Gott, haben die meisten Leute eine »Ich-weiß-nicht-Haltung«. Philosophisch wird sie Agnostizismus genannt. Solche Haltung ist heute die Regel. Daneben gibt es aber auch religiöse Sehnsucht. Eine Kirche, die unter solchen Umständen die Menschen wieder ansprechen will, muss sich heute im Grunde neu erfinden. Sie muss aus ihren äußeren Organisationsstrukturen ebenso ausbrechen wie aus den inneren Strukturen ihrer Lehre und Verkündigung. Johannes Röser, Chefredakteur der Zeitschrift *Christ in der Gegenwart*, hat es einmal so ausgedrückt: »Verlangt ist ein Paradigmenwechsel, eine Neugestaltung der Verstehensmodelle des Glaubens in Liturgie, Gottesrede, Gebet, Sprache, und das alles so, dass es vor den Erkenntnissen der moderne Welterfahrung Bestand hat. Gegenüber der Reform, die uns fordert, war der spannungsgeladene Übertritt des Christentums von Jerusalem nach Athen geradezu ein Kinderspiel.«[149] Kann solche Reform gelingen? Ich glaube eigentlich nicht mehr daran, dass er noch kommt, »der fällige Ruck in den Köpfen der Kirche«, wie der Titel des famosen Buches von Matthias Kroeger lautet.[150] Die Verantwortlichen haben die Lage scheint es noch gar nicht wirklich begriffen. Sie haben aber auch kaum jemanden, der ihnen einen Spiegel hinhält, in dem sie ihre Kirche einmal von außen betrachten könnten. Ihre kircheneigenen Medien kontrollieren sie schließlich selbst, stehen ja als Herausgeber jeweils im Impressum drin, und die übrigen Medien haben kein Interesse daran. Die Religionssoziologen und Theologen, die ungeschminkte Analysen vorlegen, werden in grandioser Arroganz einfach ignoriert. So wird sich bestimmt nichts ändern. In der katholischen Kirche schon gar nicht, aber auch in der evangelischen nicht. »Stets haben die Funktionäre einer Großorganisation bis zum endgültigen Zusammenbruch an der Richtigkeit ihres bisherigen Weges festgehalten. Und es steht zu befürchten, dass es mit dem Protestantismus nicht anders geht«(Günter Kegel).[151] So wird diese Kirche wohl in ein, zwei Generationen zu einer Sekte verkommen sein. Mit dem früheren Dekan Herbert Koch zu sprechen: Sie wird sich darstellen als »ein Zusammenschluss von Menschen, der ein ›Wissen‹ pflegt, das in hohem Maße abweicht von dem, was sonst in der Gesellschaft auf Grund von breiter Zustimmung als Wissen in Geltung steht«.[152]

Ich bin wenig zuversichtlich, dass es anders kommt. Aber träumen darf man ja mal. Was müsste sich denn wohl im Einzelnen ändern, damit Kirche wieder wirksam von Gott reden kann und darin gehört und anerkannt wird?

Ändern müssten sich zunächst die äußeren Kirchenstrukturen: Sie müssten entschlossen aufgerissen werden, damit Nicht-Theologen, Laien, wirklich mitreden können und den Insidern klarmachen, wie es draußen bei den normalen Kirchenmitgliedern tatsächlich aussieht. Aber wie soll das gehen? In der katholischen Kirche ist die Macht klar definiert und sie wird auch deutlich eingesetzt. Mitspracherechte für normale Kirchenmitglieder? Undenkbar! Es müsste ein Wunder geschehen, wenn sich daran etwas ändern sollte. Bei den Evangelischen ist die Macht sublimer verteilt. Es gibt schließlich Wahlverfahren und Synoden. Aber sieht man genau hin, wird deutlich: Wirklich etwas zu sagen haben im deutschen Protestantismus nicht mehr als hundert Köpfe, unter ihnen ein paar Synodale, zumeist Theologen, sodann Oberkirchenräte, Kirchenjuristen, Bischöfe und wenige namhafte Theologieprofessoren. Männer sind dabei selbstverständlich weit in der Überzahl. Diese Leute bestimmen letztlich, was heute evangelische Kirche ist, welche Dogmatik gilt, was die Pfarrer zu tun haben und wie das Geld verteilt wird. Die Synoden sind weithin Zustimmungsmaschinen. Ein feines Siebwahlsystem sorgt schon dafür, dass dort stets die richtigen Leute hineingewählt oder hineindelegiert werden. Hauptamtliche kirchliche Mitarbeiter, darunter viele Pastoren, Diakone und auch Theologieprofessoren, sind gegenüber richtigen »Laien« meist in der Mehrheit. Das alles ist eine Farce. Letztlich werden die Evangelischen in Deutschland geführt von einer »sich selbst konstituierenden und rechtfertigenden Offenbarungsexpertokratie« (H. Koch). Kirchenmitglieder aus »weltlichen« Berufen, die in den Leitungsgremien formulieren könnten, wie fremd die Rede der Kirchenleute den Menschen geworden ist, haben keine Chance. Der Laden ist dicht. Dazu eingemauert in Kirchengesetz-Sammlungen, die dicker sind als die Bibel. Auch an den theologischen Fakultäten herrscht ein sublimer Konsenszwang. In den zentralen dogmatischen Dollpunkten »bewähren sich Standardinterpretationen«, kurze Signale der Zugehörigkeit. Sie sichern »die Mitgliedschaft im Club« (Koch). Tummeln, kühn und kontrovers, kann man sich auf allen anderen Forschungsfeldern. Und die Pfarrer? Ihnen werden viel zu viele Aufgaben zugemutet, für die sie gar nicht ausgebildet sind. Sie sollten sich ganz auf Seelsorge und Gottesdienst konzentrieren dürfen, und auch, bitte schön, nebenbei auf die eigene Seele. Stattdessen sind sie Rundumfunktionäre, sind Verwalter, Bauherren, Lehrer, Sommerfest-Organisatoren und, und, und. »Für fast alles, was ein Pfarrer normalerweise zu tun hat, finden sich in jeder Gemeinde Menschen, die dafür eine bessere Qualifikation aufweisen als ein Theologiestudium. Und wenn sie sich nicht finden, muss die Gemeinde, *nicht* der Pfarrer nach ihnen suchen«, schreibt der frühere Münchner City-Pfarrer Tilmann Haberer.[153] Laien als Mitentscheider auf allen Kirchenebenen – und es käme wieder Leben in den Protestantismus. Ich weiß – Wolke sieben.

Geht es um die inneren Strukturen von Lehre und Verkündigung, so müsste in der Kirche ein deutlicher Perspektivwandel eingeübt werden. Gilt doch offiziell immer noch dies: Das Evangelium von der Liebe Gottes wird von außen an die Menschen herangetragen, in Texten, Symbolen und Lehre. Es ist fertig offenbart, wird verkündigt und erklärt. Lehrzustimmungsglaube! Einige Menschen haben die Offenbarung erhalten und verstanden. Nun wollen sie sie anderen weitergeben: Sender an Empfänger. Diese Art der Kommunikation funktioniert heute aber überhaupt nicht mehr, wie ich zu zeigen versucht habe. Theologisch übersieht man dabei ohnehin das Wichtigste: Gott ist im Grunde der Seele eines jeden Menschen anwesend, mit seiner ganzen Gottheit. Es kann immer nur darum gehen, wie jemand dazu kommt, diesen Gott in der Tiefe seiner Seele zu vernehmen und seiner gewahr zu werden. Dazu sollten Kirchenleute heute ihren Mitmenschen verhelfen. Das hieße sich darauf einzulassen, dass Glaube und Religion in Wirklichkeit weithin längst selbstbestimmt sind, wenn sie einem Menschen denn überhaupt noch wichtig sind. Das hieße sich auf die religiösen Bedürfnisse der Zeitgenossen wirklich einzulassen, darauf, dass der Glaube Erfahrung braucht, dass darin Pluralität nicht zu vermeiden ist, dass alles bunter und unübersichtlicher wird. Aber vor nichts haben Kirchenleute mehr Angst. So werde das tradierte Erbe verwässert, argumentieren sie und schielen auf ihre Bekenntnisrollen. Letztlich aber hat man darin Angst vor dem Heiligen Geist Gottes. Was kann denn eigentlich schiefgehen. Gott ist doch immer mit im Spiel. Um ihn geht es ja doch. Und er ist da. Steht vor der Kirchentür. Man müsste ihn nur hereinlassen. Aber natürlich: Er bringt ordentlich Zugwind mit sich.

Glaubenspluralismus wird in der Kirche wohl zur Kenntnis genommen, aber er soll nicht sein. Anerkannt sind altprotestantische und evangelikale Einstellungen. Alles andere wird letztlich ausgegrenzt und diffamiert. Dabei ist es längst auch in der Kirche sehr viel bunter und pluraler geworden, als es nach außen hin scheint. Und wenn Kirchenverantwortliche dann beschwichtigen, man habe es mit »unterschiedlichen Frömmigkeitsstilen« zu tun, dann lügen sie sich selbst in die Tasche – wie so oft in dieser verdammten Kirche. Wir müssen heute in der Kirche mit Glaubenstypen und Glaubensvorstellungen leben, wie sie unterschiedlicher kaum sein können. Ich habe zu Beginn dieses Buches zu zeigen versucht, welche Faktoren jeden Menschen in diese oder jene religiöse Richtung prägen. Damit müssen wir leben. Es gibt keine Kirche als »Leib Christi«, ein Wort, das unter normalen Menschen überhaupt niemand mehr versteht. Dieses Wort gehört, mit Bertolt Brecht zu sprechen, »an die Wand gestellt und standrechtlich erschossen«. Und wer die »Una sancta«, die »eine heilige Kirche« durch den Heiligen Geist Gottes konstituiert sieht, der weiß nichts von der Unberechenbarkeit dieses »windigen Geistes«. Fakt ist, es gibt enorme Unterschiede in der Kirche, politisch, gesellschaftlich, weltanschaulich, theologisch und spirituell – gerade wie in der Bibel auch. Da kann nicht mehr eine kleine Gruppe einfach bestimmen wollen, was offiziell gilt und was nicht.

Eine Kirche, die dem gerecht werden will, kann heute nur eine dialogische Kirche sein. Als Gnadenanstalt und dogmatische Bekenntniskirche hat sie längst ausgespielt. Was wir brauchen, ist eine gottoffene Gemeinschaft, in der sich Menschen ungezwungen über ihren Glauben, ihre Zweifel und Fragen austauschen können. Eine Kirche, in der das Suchen höher bewertet wird als das Haben. Eine »Kultur des Fragens, die vom Dialog lebt, vom aufeinander Zugehen, einander Zuhören, einander Achten in Unterschiedlichkeit, einander Respektieren« (Eckhard Nagel, Kirchentagspräsident 2005). Niemand will von der Kirche wissen, »wofür sie steht«. So etwas können nur Theologen erwarten. Die Leute wollen wissen, ob der Kirchenmann oder die Kirchenfrau, mit denen sie es konkret zu tun haben, ihnen etwas für ihren persönlichen Glauben aufschließen können. Ob sie ihnen ein Licht aufstecken können, sozusagen. Sie suchen keine Botschaft als Information, sie suchen etwas, das »ins Herz ausgreift«(Sölle).

Und was hätte das für die Lehre selbst zu bedeuten? Sie muss offener werden, bescheiden und elementar und erfahrungsbezogen. Theologische Sätze müssen in offene Themen verwandelt werden. Was kann daran nur so schwer sein? »Je offener eine Glaubensaussage erscheint, je mehr Spielräume sie lässt, desto attraktiver ist sie für kirchenferne und suchende Menschen.« So steht es sogar in der Auswertung der Mitgliedschaftsbefragung der Evangelischen Kirche Deutschlands (EKD) von 1992. Es gilt also »traditionelle Lehraussagen zu enttabuisieren mit dem Ziel einer Neuformulierung der wesentlichen Gehalte der christlichen Religion«.[154] Vor allem aber muss in Lehre und Theologenausbildung geistliche Erfahrung ins Spiel kommen. An den theologischen Fakultäten müssen Kontemplation und Mystik gleichwertig neben anderen Fächern gelehrt werden. »Es muss dort Lehrer geben, die spirituelle Wege weisen, welche auf die Erfahrung Gottes in der Seele abzielen«(Jäger). Es braucht insgesamt eine neue »missionarische Spiritualität, eine Bereitschaft sich in Glaubensdingen ins Herz schauen zu lassen«, wie es der katholische Bischof von Erfurt, Joachim Wanke, einmal formulierte.

Und das alles muss sich auch in den Gottesdiensten selbst widerspiegeln. Diese können heute wohl nur noch für Zielgruppen mit jeweils eigenen ästhetischen, emotionalen und kognitiven Bedürfnis-

180

sen gestaltet werden. Der Zehn-Uhr-Gottesdienst am Sonntagmorgen mit seiner Liturgie und Predigt »für alle«, für vier Prozent also, ist dann einer unter mehreren, die verteilt über das Wochenende in verschiedenen Kirchen stattfinden. In unserer mobilen Gesellschaft ist das organisatorisch überhaupt kein Problem. Es wäre allerdings das Ende der traditionellen Ortsgemeinde. Aber die ist doch ohnehin schon fast tot.

Eine Kirche freilaufender Christen also? Zunächst wohl schon. Wie das alles organisatorisch wirklich aussehen kann, das muss ausprobiert werden. Sicher ist nur: In den alten Organisationsstrukturen, mit der alten Lehre, Sprache, Liturgie geht gar nichts mehr.

Und Gott? Der geht ganz sicher seine eigenen Wege. Wer sich dabei von ihm finden lässt, den nimmt er mit. In, mit oder ohne Kirche, manchmal sogar gegen sie. Und wer weiß, ob sich aus seinem Geist in Europa eines Tages nicht doch eine ganz neue und andere Glaubensorganisation entfalten wird?

Anmerkungen

Die meisten Zitate in diesem Buch entstammen den hier benannten Werken. Da dieses Buch keine wissenschaftliche Arbeit ist, verzichte ich auf die exakte Dokumentation aller Zitate. Wenn ein Autor erstmals genannt wird, ist sein Name markiert. Ich habe insgesamt 61 Bibelstellen zitiert. Wer nicht besonders bibelbewandert ist, sollte doch den einen oder anderen der ausführlicheren Texte nachlesen. Solche Stellen sind im Folgenden durch Fettdruck hervorgehoben.

1 **Lukasevangelium, Kapitel 18, Verse 10-14.**
2 **Lukasevangelium , Kapitel 13, Vers 4.**
3 Meister Eckehart, »Deutsche Predigten und Traktate«, Aus dem Mittelhochdeutschen übersetzt von Josef Quint, Hanser 1987.
4 William James, »Die Vielfalt religiöser Erfahrung – Eine Studie über die menschliche Natur«, Walter 1979
5 **1. Buch Mose, Kapitel 32, Verse 23-33.**
6 Klaus-Peter Jörns, »Notwendige Abschiede. Auf dem Weg zu einem glaubwürdigen Christentum«, Gütersloher Verlagshaus 2004.
7 Brief an die Römer, Kapitel 12, Vers 3.
8 Stanislav Grof, »Die Psychologie der Zukunft – Erfahrungen der modernen Bewusstseinsforschung«, Edition Astroterra 2002.
9 Carl Gustav Jung, »Erinnerungen. Träume, Gedanken«, Walter- Verlag 1971.
10 Paramahnsa Yogananda, »Autobiographie eines Yogi«, Otto Wilhelm Barth Verlag 1950.
11 Stanislav Grof, »Geburt, Tod, Transzendenz«, rororo 1985.
12 Publik-Forum: Diese »Zeitschrift kritischer Christen«, so der Untertitel, erscheint vierzehntägig als Abonnement-Zeitschrift mit einer Auflage von 40 000 (2007). Verlagssitz ist Oberursel bei Frankfurt. Dort arbeitet auch die achtköpfige Redaktion, die Themen aus Politik, Wirtschaft, Gesellschaft und Religion abdeckt.
13 Eberhard Jüngel »Das Evangelium von der Rechtfertigung des Gottlosen als Zentrum des christlichen Glaubens«, Mohr Siebeck 1998.
14 2. Brief des Paulus an die Korinther, Kapitel 5, Vers 10.

15 Der protestantische Theologieprofessor Paul Tillich emigrierte 1933 in die USA, wo er an der Harvard Universität wirkte und mit über 50 Büchern internationalen Ruf erlangte. Er starb 1965.

16 **Lukasevangelium, Kapitel 15, 11-32.**

17 **Lukasevangelium, Kapitel 18, Verse 9-14.**

18 John Shelby Spong, »Was sich im Christentum ändern muss – Ein Bischof nimmt Stellung«, Patmos 2004.

19 Jesaja, Kapitel 45, Verse 6 und 7.

20 Koran, Sure 24 Vers 40 und Sure 35 Vers 9 nach der Übersetzung von Max Hennig, bei Reclam herausgegeben von Annemarie Schimmel.

21 Carl Gustav Jung, »Antwort auf Hiob«, Grundwerk C. G. Jung in 9 Bänden, Walter 1987.

22 Eugen Biser, »Der inwendige Lehrer«, Serie Piper 1993.

23 Rudolf Otto, »Das Heilige«, Verlag Beck 1963.

24 Hebräerbrief, Kapitel 10, Vers 31, Luther-Bibel.

25 Brief an die Philipper, Kapitel 2, Vers 12, Luther-Bibel.

26 1. Johannisbrief, Kapitel 4, Vers 18.

27 Willigis Jäger, »Die Welle ist das Meer«, Herder Spektrum 2006 (17. Auflage).

28 Brief an die Römer, Kapitel 1, Vers 16.

29 Ich wollte mit dieser Strecke einmal eine Verbindung herstellen zwischen der Stadt, in der ich arbeitete, und der Stadt, in der ich geboren wurde. Eine Pilger-Tour, bei ich tatsächlich drei Wochen lang nur Flüssigkeit zu mir genommen habe.

30 Jesaja, Kapitel 43, Vers 1.

31 Adolf Holl, »Mystik für Anfänger – 14 Lektionen über das Geheimnis des Alltäglichen«, Rowohlt Taschenbuch, 1979. Der Band ist komplett online abrufbar unter: www.geocities.com/Athens/Styx/3117/mfa.htm.

32 Dorothee Sölle, »Die Hinreise«, Kreuz 1975.

33 »Die Rede des toten Christus …« kann man unter diesem Titel in der Internet-Suchmaschine Google eingeben – und schon ist sie da.

34 Zitiert nach Carl Friedrich von Weizsäcker, »Der Mensch in seiner Geschichte«, Hanser 1991.

35 Römerbrief, Kapitel 6, Vers 23.

36 Eugen Drewermann, »Glauben in Freiheit«: Band 1 »Tiefenpsychologie und Dogmatik«, 1993; Band 2 »Jesus von Nazareth«, 1996; Band 3 »Der sechste Tag – Die Herkunft des Menschen und die Frage nach Gott«, 1998; Band 4 »…und es geschah so – Die moderne Biologie und die Frage nach Gott«, 1999; Band 5 »Im Anfang – Die moderne Kosmologie und die Frage nach Gott«, 2000; Band 6 »Atem des Lebens – Die moderne Neurologie und die Frage nach Gott: Das Gehirn« 2006; Band 7 »Atem des Lebens – Die moderne Neu-

rologie und die Frage nach Gott: Die Seele; Alle Werke bei Verlag Walter, Band 6 und 7 bei Patmos.

37 Dieser Zustand liegt übrigens als »Knappheit der Güter« allem Nachdenken über ökonomische Fragen zugrunde.

38 Römerbrief, Kapitel 7, Vers 19.

39 Römerbrief, Kapitel 1, Vers 5.

40 Römerbrief, Kapitel 6, Verse 16 und 17.

41 Römerbrief, Kapitel 5, Vers 19.

42 Hoimar von Ditfurth, »Unbegreifliche Realität«, Büchergilde Gutenberg, 1993.

43 Jörg Zink, »Die Urkraft des Heiligen – Christlicher Glaube im 21. Jahrhundert«, Kreuz 2003.

44 Thorwald Dethlefsen, »Schicksal als Chance«, Knaur Taschenbuch, 1979.

45 Ian Stevenson, »Wiedergeburt«, Knaur 1979 (deutsch). Stevenson ist im Februar 2007 gestorben.

46 Mircea Eliade, »Der Hundertjährige«, 1978, deutsch: Suhrkamp 1992.

47 Rupert Sheldrake, »Das Gedächtnis der Natur«, 1988, deutsch: Scherz 1998.

48 Lukasevangelium, Kapitel 1, Vers 52.

49 Zitiert in Herbert Vorgrimler, »Gott – Vater, Sohn und Heiliger Geist«, Aschendorf Verlag 2003. Siehe auch: Nikolaus von Kues, Philosophisch-Theologische Werke, Kassette mit vier Bänden, Meiner 2002.

50 Hiob, Kapitel 42, Vers 5.

51 Maria Jepsen (Hrsg.), »Evangelische Spiritualität heute«, Kreuz Verlag, 2004.

52 Der Religionspädagoge Hubertus Halbfas hat ein gutes Dutzend Schulbücher für fast alle Schuljahre geschrieben. Sie sind alle im Verlag Patmos erschienen, z. B. »Religionsbuch für das 9./10. Schuljahr. Unterrichtswerk für den katholischen Religionsunterricht am Gymnasium«, Patmos 1999.

53 Zitiert aus einer Bibelarbeit beim Evangelischen Kirchentag 2007 in Köln.

54 Matthäusevangelium, Kapitel 11, Vers 19.

55 Buchtitel von Adolf Holl: »Jesus in schlechter Gesellschaft«, dtv 1971.

56 Das Kapitel 6 aus dem biblischen Buch der Richter.

57 Zitiert in Harald Schweizer, »...deine Sprache verrät dich!«. Grundkurs Religiosität. Essays zur Sprachkritik. LIT Verlag 2002.

58 Lorenz Zellner, »Gottestherapie«, Kösel 1995.

59 **Markusevangelium, Kapitel 16, Verse 9- 20.**

60 **Matthäusevangelium, Kapitel 28, Verse 16-20.**

61 **Johannesevangelium, Kapitel 6, Verse 53-57.**

62 Harald Schweizer, »...deine Sprache verrät dich!«. LIT Verlag 2002.

63 Herbert Donner, »Geschichte des Volkes Israel und seiner Nachbarn in Grundzügen« Band 1 und 2, Vandenhoeck & Ruprecht 2002.

64 Vgl. hierzu auch das Buch der Professoren Israel Finkelstein und Neil A. Silermann von der Universität Tel Aviv: »Keine Posaunen vor Jericho – Die archäologische Wahrheit über die Bibel«, dtv 2006.

65 Die Rahmenerzählung ist in der Einheitsübersetzung der Bibel als solche ausgewiesen.

66 Karl Ludwig Schmidt, »Der Rahmen der Geschichte Jesu«, Trowitzsch 1919.

67 Lorenz Zellner, »Gottestherapie«, Kösel 1995.

68 Rudolf Bultmann, »Die Geschichte der synoptischen Tradition«, Vandenhoeck & Ruprecht 1964.

69 Walter Hollenweger, »Der Klapperstorch und die Theologie – Die Krise von Theologie und Kirche als Chance«, Metanoia 2000.

70 Peter de Rosa, »Der Jesus-Mythos«, Droemer-Knaur 1991.

71 Matthäusevangelium, Kapitel 5, Verse 17-19.

72 **Lukasevangelium, Kapitel 15, Verse 11-32.**

73 Hubertus Halbfas, »Die Bibel – erschlossen und kommentiert von Hubertus Halbfas«, Patmos 2001.

74 Gerd Lüdemann, »Jesus nach 2000 Jahren«, Verlag zu Klampen, 2000.

75 Aus den Elohim-Gottheiten hat sich später der »Eingott« El herauskristallisiert. Er war der semitische Hochgott. Er steckt selbst noch im islamischen Gottesnamen Al-lah. Auch palästinensische Christen nennen Gott Allah.

76 Zitiert nach Joachim Kahl, »Das Elend des Christentums«, rororo -Taschenbuch 1968.

77 Joseph Ratzinger, »Jesus von Nazareth«, Herder 2007.

78 Dieses Bild fand ich bei Tilmann Haberer, »Kirchenfrust und Gotteslust«, Kösel 2005.

79 Eugen Drewermann, »Jesus von Nazareth«, Band 2 von »Glauben in Freiheit«, Walter 1996.

80 2. Korintherbrief, Kapitel 5, Vers 16.

81 **Der Bericht darüber steht in der Apostelgeschichte, Kapitel 9, Verse 1-22.**

82 Johannesevangelium, Kapitel 10, Vers 11.

83 Jörg Zink, »Die Urkraft des Heiligen«, Kreuz 2003.

84 Brief an die Galater, Kapitel 2, Vers 20.

85 Helmut Jaschke, »Jesus der Mystiker«, Grünewald 2000.

86 Ruth Lapide, Henning Röhl, »Was glaubte Jesus?«, Kreuz 2006.

87 Pinchas Lapide, »Ist die Bibel richtig übersetzt?« 2 Bände, Gütersloh 2004.

88 Apostelgeschichte, Kapitel 22, Vers 3.

89 Matthäusevangelium, Kapitel 5, Verse 22; 28; 32; 34; 39; 44.

90 Markusevangelium, Kapitel 1, Vers 15.

91 Markusevangelium, Kapitel 1, Vers 15.

92 Jesus hat dies damals tatsächlich nur auf Israel bezogen. Was Gott mit den Gebieten der Gojim, der nichtjüdischen Völker, tun wird, blieb im Ungewissen.

93 Lukasevangelium, Kapitel 17, Vers 21.

94 Jesaja, Kapitel 43, Vers 18, Übersetzung: Jörg Zink.

95 Jeremia, Kapitel 31, Verse 33-34 (verkürzt zitiert).

96 Markusevangelium, Kapitel 10, Vers 18.

97 Lukasevangelium, Kapitel 10, Vers 18.

98 Matthäusevangelium, Kapitel 13, Verse 44-46.

99 Lukasevangelium, Kapitel 15, Verse 4-6 und 8-9.

100 Kurt Niederwimmer, »Jesus«, Vandenhoeck &Ruprecht, 1968.

101 **Lukasevangelium, Kapitel 15, 11-32.**

102 Eugen Drewermann, »Strukturen des Bösen«, 3 Bände, Schöningh, 1988.

103 **Matthäusevangelium, Kapitel 5, Verse 3-12.**

104 Offenbarung des Johannes, Kapitel 16, Vers 16.

105 H. M. Kuitert, »Kein zweiter Gott«, Patmos 2004.

106 **Lukasevangelium, Kapitel 10, Verse 25-37.**

107 **Markusevangelium, Kapitel 12, Verse 18-27.**

108 Matthäusevangelium, Kapitel 26, Vers 29.

109 Offenbarung des Johannes, Kapitel 20, Vers 4.

110 **Jesaja, Kapitel 11, Verse 1-16.**

111 1. Korintherbrief, Kapitel 15, Vers 50.

112 1. Korintherbrief, Kapitel 15, Verse 44 und 52.

113 2. Korintherbrief, Kapitel 12, Vers 2.

114 Tiziano Terzani, »Noch eine Runde auf dem Karussell«, Hoffmann und Campe 2004.

115 Günter Ewald, »Nahtoderfahrungen«, Topos 2006.

116 Monika Renz, »Grenzerfahrung Gott«, Herder Spektrum 2003.

117 **Matthäusevangelium, Kapitel 4, Verse 1-11.**

118 Eine Auswahl persönlicher Glaubensbekenntnisse hat der Publik-Forum-Buchverlag von 1999 bis 2000 in drei Bänden zusammengestellt. »Mein Credo – Persönliche Bekenntnisse«. Aus der Edition ist nur noch Band 2 lieferbar.

119 Klaus-Peter Jörns, »Die neuen Gesichter Gottes – Was die Menschen heute wirklich glauben«, C. H. Beck 1997.

120 Christoph Quarch, in Publik-Forum, 12. Mai 2006 Ausgabe 9.

121 Harry M. Kuitert, »Kein zweiter Gott – Jesus und das Ende des kirchlichen Dogmas«, Patmos 2004.

122 Peter L. Berger, »Der Zwang zur Häresie«, S. Fischer 1980.

123 Zum Beispiel: Gerd Theißen, »Im Schatten des Galiläers – Historische Jesus-forschung in erzählender Form«, Chr. Kaiser 1986.

124 Hermann Häring, »Glaube ja – Kirche nein? – Die Zukunft christlicher Konfessionen«, Primus 2002.

125 Römerbrief, Kapitel 13, Vers 1 (Luther-Bibel).

126 1. Korintherbrief, Kapitel 14, Vers 34 (Luther-Bibel).

127 Herbert Koch »Die Kirchen und ihre Tabus – Die Verweigerung der Moderne«, Patmos 2006.

128 Matthias Kroeger, »Der fällige Ruck in den Köpfen der Kirche«, Kohlhammer 2004.

129 Carl Friedrich von Weizsäcker, »Der Garten des Menschlichen«, Hanser 1978.

130 Fridolin Stier »… vielleicht ist irgendwo Tag«, Kerle 1981.

131 Bruno Borchert, »Mystik«, Herder Spektrum 1997.

132 Neben dem deutschen Werk Eckharts, bei Quint ein Kompendium von 500 Seiten, gibt es noch das – seit langem bekannte – lateinische Werk des »Opus tripartitum«. Die meisten Forscher ordnen es in die scholastische Lehrtätigkeit des Professors ein.

133 Angelus Silesius, »Aus dem Cherubinischen Wandersmann«, Reclam 1971.

134 Walter Nigg, »Heimliche Weisheit – Mystisches Leben in der evangelischen Christenheit«, Artemis 1959.

135 Annemarie Schimmel, »Mystische Dimensionen des Islam«, Qalandar 1979.

136 Bhagavadgita, Diederichs Gelbe Reihe 1978. Die Gita (Lied), wie sie in Indien meist nur genannt wird, ist das religiöse Hauptbuch im volkstümlichen Hinduismus. Sie erzählt von dem erhabenen (Bhagavad) Gott Krischna und seinen Taten in menschlicher Gestalt. Die Gita ist ein Teilstück des gewaltigen indischen Epos »Mhahabharata«, das zwischen 400 vor und 400 nach Christus niedergeschrieben wurde, aber auf sehr viel älteren Überlieferungen fußt.

137 In: Rudolf Otto, »West-östliche Mystik«, Goldmann Taschenbuch- Siebenstern, 1971. Otto hat auch »Das Heilige« geschrieben.

138 2. Brief an die Korinther, Kapitel 5, Vers 6 und folgende (Luther-Bibel).

139 Zum Beispiel in Neuplatonismus und in der Gnosis.

140 Solange Lemaitre, »Ramakrischna«, rororo-Monographie, 1963. Ramakrischna, der »Narr Gottes«, lebte im 19. Jahrhundert in Indien als Priester der Göttin Kali.

141 Gothelm Lüers hat über 20 voluminöse Tagebücher hinterlassen, mystischer Existenzialismus vom Feinsten, handgeschrieben, aber bereits auf einer DVD gespeichert. Bisher konnte ich noch keinen Verlag von der Qualität dieses Werkes überzeugen.

142 **Die Geschichte von den beiden Schwestern steht im Lukasevangelium, Kapitel 10, Verse 38-42.**

143 In Avignon war damals der Sitz des Papstes und der Kurie. Erst 1417 kehrten beide Institutionen wieder nach Rom zurück.

144 <u>Ludwig Marcuse</u>, »Aus den Papieren eines bejahrten Philosophie-Studenten«, List 1964. Marcuse lebte von 1894 bis 1971 in Deutschland und in den USA.

145 **Jesus läuft über den See Genezareth: Matthäusevangelium, Kapitel 14, Verse 22-33.**

146 Ausführlich, auf wissenschaftlicher Basis und dennoch allgemeinverständlich hat das der katholische Religionspädagoge Helmut Jaschke dargelegt: »Jesus der Mystiker«, Grünewald 2000, ein Taschenbuch von 180 Seiten.

147 Matthäusevangelium, Kapitel 11, Vers 25.

148 »Die Wolke des Nichtwissens« heißt ein Ende des 14. Jahrhunderts in England geschriebenes Buch über den mystischen Weg. Deutsch: Johannes Riehle, Johannes 2004 (160 Seiten).

149 »Christ in der Gegenwart«, April 2003.

150 Matthias Kroeger, »Der fällige Ruck in den Köpfen der Kirche – Im religiösen Umbruch der Welt«, Kohlhammer 2004.

151 <u>Günter Kegel</u>, »Glaube ja, Kirche nein«, Kreuz 1994.

152 Herbert Koch, »Die Kirchen und ihre Tabus«, Patmos 2006.

153 Tilmann Haberer, »Kirchenfrust und Gotteslust«, Kösel 2005.

154 Hermann Häring, »Glaube ja – Kirche nein?« Primus 2002.

Es wird Zeit...

Publik-Forum

Zeitung kritischer Christen

... für einen kritischen Blick auf unsere Gesellschaft.

Publik-Forum stärkt jene Kräfte, die ihre Augen nicht vor den brennenden Fragen unserer Zeit verschließen und sich für die Lösung der aktuellen Probleme engagieren. Notwendig sind neue Brücken zwischen Politik, Wirtschaft und Gesellschaft, zwischen den Konfessionen und Religionen. Im Zwei-Wochen-Takt bringt Publik-Forum Information und Orientierung, Überblick und Durchblick.

Sie sind herzlich eingeladen, sich davon zu überzeugen.

Probelesen kostet nichts ...

Kostenloses Probelesen? Ja!

Senden Sie mir drei aktuelle Ausgaben **Publik-Forum** kostenlos zum Probelesen. Bestelle ich nicht innerhalb einer Woche nach Erhalt des dritten Heftes ab, wünsche ich Weiterlieferung im Abonnement. Der Abonnementpreis* beträgt im Halbjahr 42,80 € (66 CHF). Das Studenten-/Vorzugsabo gibt es gegen Nachweis zum Preis von 29,70 € (44 CHF). Den Bezug kann ich jederzeit kündigen.   *Stand: 01.01.2007

Bitte den Bestellcoupon abtrennen/kopieren und ausgefüllt und unterschrieben senden oder faxen an:
Publik-Forum
Verlagsgesellschaft mbH,
Postfach 2010, D-61410 Oberursel,
Telefon: 0 61 71 70 03 – 14,
Telefax: 0 61 71 70 03 – 46,
www.publik-forum.de/probelesen

Name, Vorname

Straße, Hausnummer

Postleitzahl, Ort

Telefonnummer   Geburtsdatum

E-Mail

20079060

Datum, Unterschrift